書中部分人物姓名純屬虛構，與史實無關。

**謹以此書**
**向19世紀中國的航空先驅致敬**

華蘅芳、謝纘泰、秦國鏞、馮　如、厲汝燕、
劉佐成、李寶焌、潘世忠、譚　根、楊仙逸、
巴玉藻、王　助、王孝豐、曾詒經。

（依出生年分排序）

疾風魅影
飛機造的人

寬和影像、黃筱嵐——圖
傅楓宸——文

華錫鈞　TOWARD
Hsi-Chun Mike Hua　以鐵翼扛起臺灣
THE UNKNOWN

## 推薦序　讓自製鐵翼扛起家國

須文蔚

國立臺灣師範大學文學院院長

從小在空軍眷村長大，從巷口轉進來的小廣場，第一間平房住的吳國端伯伯自空軍官校第八期航空班畢業，他從 1938 年昆明畢業後，打過抗戰，國共內戰時，負責守衛首都領空安全，出生入死。老人家年過七旬，有次閒談時，突然拿出一張青年時的照片，他和幾位青年穿著軍服，背景是標語：「我們的身體、飛機和炸彈，當與敵人兵艦陣地同歸於盡。」

「帥不帥？」溫文儒雅的老人笑著問。

我一時答不出來，望著照片上臉龐還帶著稚氣的一群青年，怎能許下如此無畏的諾言？真不是一個「帥」字可以形容。

像吳國端一樣抱著我死國生，在天空上為國奮戰的青年，在抗戰期間多半都出自名校與名門，在極為劣勢的條件下出擊 3,337 次，死亡、失蹤 3,533 人，誠如英國首相邱吉爾曾經讚譽空軍將士的犧牲精神：「從來沒有這麼少的人，為這麼多的人，做出過這麼大的貢獻！」（Never in the field of human conflict was so much owed by so many to so few.）但在眾人的善忘中，民國飛行員的故事，漸漸無聲無息。

楊佈新導演一直關注空軍歷史，在海峽中線日漸貼近臺灣本島之際，他在 2018 年推出紀錄片《疾風魅影-黑貓中隊》，為臺灣最神祕的高空偵察中隊造影，搶在黑貓前輩還沒離開世間，讓他們現身說

法，見證了冷戰期間，美國給予臺灣軍備和高科技，而我們最優異的飛行員為他們偵蒐情報，雖然飛官們的翅膀扛起了臺灣，但犧牲或被俘的飛行員是否得到了國家的尊重？而時代悲歌下又留下什麼記憶檔案？是他透過影片提出的大哉問。

2019 年春天邀請楊導演和我一起文學走讀，在公館一帶，找尋空軍歷史的遺跡。當天根據 1971 年的空照圖的比對，我們穿過鹿鳴堂，穿越時間，置身於美國空軍的「臺北通訊站」（Taipei Air Station）中，在教堂前，楊導演為我們解釋黑貓中隊拍回來的底片與情資，就曾經存在臺大校園的一隅，如此神祕？又如此屈辱？

接下來大疫來襲，楊佈新導演沒有停下腳步，開始追索王助與華錫鈞兩位航空工程師的故事。兩位工程師共同的願望都是：中華民國能夠自製飛機，讓我們的飛行員能捍衛美好的家園。

楊佈新導演和我往復通信，交換資料，蒐集史料，關注王助在 1917 年進入馬尾海軍船政局海軍飛機工程處，把飛行夢實現在水面上，設計與製造出中國海軍第一架水上飛機，盡可能還原當時的人事物。讓人佩服的是，楊導演在華錫鈞將軍的生平資料蒐集上，真是「上窮碧落下黃泉，動手動腳找東西」，還進行大量的田野功夫，訪問了華錫鈞夫人周毓和女士。

當傳記雛形浮現，我建議是否先編寫給青少年閱讀的歷史小說？畢竟「史統散，小說興」，以故事的感染力傳遞歷史真相，應當是這個時代有識者必須開闢的新途徑。

王助一生規劃出無數飛機的草圖，可惜戰火連天，國家貧弱，最終只能把一生的才學，寄託在臺灣省立工學院（今國立成功大學）機械工程系的《航空工程》（*Engineer Aerodynamics*）講義上。團隊邀請了古雯來執筆《王助——讓夢想飛向雲端》一書，由我提供一份故事綱要，把故事鎖定在民國第一代航空工程師王助、巴玉藻、王孝

豐、曾詒經的兄弟情上，集中描寫第一架水上飛機設計與試飛的各種困難，以及最終一飛沖天的喜悅。

王助 1965 年過世，他國造戰機的大夢還要等到 1988 年，華錫鈞主持的「鷹揚計畫」第一架「IDF」原型機出廠，才算是築夢踏實。事實上，華錫鈞將軍在《疾風魅影-黑貓中隊》就屢屢登場，他不可思議的飛行技術，成功在柯爾特斯（Cortez, Colorado）的小鎮機場迫降，是飛行史上的傳奇，他毅然放棄美國高薪的工作，返國投身 IDF 經國號戰機的研發，更讓人敬佩。軍事故事多半表揚英雄，我和執筆的黃筱嵐發想時，覺得如果從周毓和女士的角度：新嫁娘時心跟著 U-2 偵查機懸在雲端，等到丈夫退伍，在美國還打工供先生進修，好不容易先生取得博士，卻接受國家的徵召，放棄優渥的生活，回到臺灣，如是深情，如是寬厚，確實讓人動容，我展讀《華錫鈞——以鐵翼扛起臺灣》一書的初稿時，頻頻拭淚，深受周毓和女士的深情感動。

讓自製的鐵翼扛起家國，是民國人物幾乎跨越一世紀的夢想，王助的遺憾並非末日，華錫鈞的成功也絕非終點，這兩本書記錄下的史實告訴我們，唯有抱持著不屈服的勇氣前行，誠如《韓非子・喻老》所說：「雖無飛，飛必沖天；雖無鳴，鳴必驚人。」

## 推薦序　華錫鈞篇

齊立平

中科院航空所前所長

　　百年間，從螺旋槳到超音速的航太工程發展歷史，18 世紀曾經缺席西方工業革命、接著一路工業與科技落後的我們，一群以國家責任為己志的工程師們全心投入、堅持數十年的苦工、並在有限資源下發展出直追世界的 AT-3 教練機、IDF 戰機、AJT 高級教練機與無人機；在 U-2 英雄華錫鈞將軍的領導下，各領域學有專精的工程師日以繼夜，全心投入，奠定了臺灣現代的航空工業系統工程。

　　科技發展日新月異、AI 極速更迭的時代，正是「航太無界，未來無限」的時刻，航太科技的競爭更是國力與國家安全的基礎；因此，著手由知識教育啟蒙，以淺顯易懂的小說讀本為架構，講述國家航空發展歷史、工程師們讓夢想飛上雲端與科技元素的英雄故事，以人文基礎為未來科技發展提供了倫理指導和創新靈感。

　　綜觀歷史，國際局勢與國家處境艱難，我國航空人才與科技能量受之紛擾不安，歷史不會駐足，時代不會停留，中華民國百年來航空科技的孕育和發展，仍映照在航空工程師們的努力與心靈之中。過去波瀾壯闊，時有晦暗不明，未來挑戰重重，但仍期待我國有志有心青年，能夠「青春無畏，逐夢藍天，再創航太新頁」。

＊齊立平，中科院航空所前所長，畢業於中正理工學院電機系。畢業起即投身航發基層工作多年，歷經控制組組長、副所長、所長，其後分別榮獲逢甲大學電機與通訊工程及交通大學管理科學博士學位，為國內培育的優秀國防科技人才。

王助（1893-1965）與華錫鈞（1925-2017）
世代傳承

# 1 數飛機的妻子,與一定返家的飛官

山頂村其實算不上一個村。

晚餐時間才剛過不久,沉沉暮靄落在燈火稀疏的眷舍上。儘管這裡被暱稱為「山頂村」,但從目前僅有的 12 戶規模來看,即使之後全都住滿,也很難搆得上村里的規模。更別說最一開始,這裡只有 3 戶人家,入夜後屋頂上的星星都遠比屋簷下的燈火亮。

「明天飛早班,等會吃過飯就先回部隊了。」晚餐時,華錫鈞對妻子周毓和說。

「嗯。」周毓和點了點頭,什麼也沒說地夾了菜,送進丈夫碗裡。

身為空軍眷屬,她從不去追問華錫鈞的任務,也不像大多數的家眷,將等待的光陰揉進柴米油鹽,反倒似沙漠裡堅韌卻不張揚的蒺藜草,一路跟著丈夫調任搬遷,以極強的適應力在困難的環境裡茂長著。去年,她隨他從屏東調任至桃園,臨行

前,來送別的同事見她收拾的一只小提箱,忍不住問:「怎麼就這麼點東西?」

「本來就沒什麼好帶的。而且也不知道下個單位會待多久,這樣就很足夠了。」周毓和說。

「在想什麼?」華錫鈞見周毓和停下筷子,輕聲地問了。

「沒什麼,就想到結婚時沒想到會跟你搬這麼遠,我阿弟那日才在信裡說,你不在,都沒人跟他一起看書、聊音樂。」周毓和笑著,但心底沒說的是,每次只要華錫鈞值勤,自己的心便繫在雲端。

「他最近都看了哪些書?」華錫鈞聽到書和音樂,語調微微提了起來,臉上的神采讓他看起來像個大學教授。他本就是周毓和弟弟的好友,兩人志趣相投,經常湊在一起談文學、聊音樂。當初,也因為華錫鈞常到周家走動,才促成這段姻緣。

兩人聊著,很有默契地避開關於任務與35中隊的事,一頓飯的時間很快便過去了。

華錫鈞望著原本是千金大小姐的妻，現在越來越有主婦的樣子，到了山頂村這樣簡陋的鄉村，日日要和煤球與洗衣板搏鬥，苦往心裡吞，實在令人不捨，望著妻皺起的眉頭，像捕捉到她的心事，突然問：「毓和，嫁給我，妳後悔嗎？」

她愣了愣，隨即釋然道：「從來沒有。」從決定牽手走一輩子的那天，周毓和就知道，他的肩上扛著國家，而自己的肩上是──她和他的「家」。

每次出任務前，華錫鈞總會事先幫不擅長生火的周毓和，燒好一壺熱水，讓她不論晨起或是睡前，都能喝上一口溫熱的開水。他彎著腰，先是將鋪在小炭爐裡的薄木片點燃，然後放上煤球。煤球剛點著，總冒起白煙，熏得他一把鼻涕、一把眼淚。

周毓和聽見，走進廚房推開窗，煙散出去的同時，8月的晚風也夾帶著蛙鳴，飄了進來。

「嗆到了？」她倒光瓶子裡的水，遞了過來：「要不要休息一下？水我自己也可以燒。」

華錫鈞接過杯子,白瓷杯身描繪的「囍」字,透著水的溫熱,一如他們婚後的這些年。不大的廚房,收拾得井井有條,櫥櫃裡還擺著一只一樣的杯子,那是他們結婚時,親友贈的賀禮。霎時間,過去的記憶湧現,從當年他向她請教英文、兩人合買一本英語辭典、她為他抄寫琴譜、結婚時親手縫製嫁衣⋯⋯點點滴滴,都少不了她堅定溫柔的身影,就連這間去年還空蕩蕩的屋子,也是因為有她,才逐漸有了「家」的樣子。

「沒關係,這是我想為妳做的。」他揚起笑,提起冒著熱氣的茶壺,將水倒入保溫瓶,滾燙的熱氣讓華錫鈞的眼鏡蒙上一層白霧。和那個時代大部分的人一樣,身為軍人的華錫鈞見過生離死別、也經歷過戰火硝煙,最大的心願就是希望國家安定。若是還能守著自己重要的人,過上簡單的小日子,便是千金難求的幸福。

「熱水都裝好了。我也差不多該回基地了。」

「嗯。等你回來,我們去看電影吧!」周毓和接過保溫瓶,露出孩子般的神情。華錫鈞微笑頷首,「好。等我回來。」

\* \* \*

凌晨2點,隊長盧錫良過來敲了寢室的門。裡頭的華錫鈞,早已梳洗完畢,準備至餐廳用早餐,之後再前往部隊作戰室聽取本趟的任務簡報。

「本次飛行的時間預計8個小時。計畫航線從基地出發後,向東北方飛行至公海後爬升,在離濟州島50浬處左轉,從青島進入中國大陸──」

「起飛時間的地面29度，目標位置上空航路的能見度、風切、氣流皆預報良好。」

「據可靠情報指出，中國軍方聲稱將在未來3年內進行核試爆，10年內擁有核子武器──本次任務在將偵照西部地區核武研發設施。」

氣象官、情報官、機務人員……輪番向華錫鈞簡報此趟飛行的時間、氣候以及任務的內容。

此時，領航員攤開地圖，逐一向華錫鈞說明：「起飛後你要從青島經大連、山海關……經過北京上空至張家口，左轉濟南、臨沂……一路飛抵上海後，再出海返航。」畫滿各色線條的地圖，紅色是此趟的主要目標，必須準確照著飛；藍色是較次要的目標；還有在遭遇緊急情況時，可折返的棕色路線。

華錫鈞專注盯著紅線上的每個記號，正盤算著該怎麼飛。一隻膚色白皙的手，突然落在地圖上，按在圈起的地方，說：「Mike，你在行經這個區域時，要特別當心。一定要記得打開電子情報偵測系統！」一名輪廓深邃的美國軍方人員，出聲提醒著。

在這個以「空軍氣象偵查研究組」之名成軍的35中隊裡，其實另外有十多位美國軍方的人員進駐。他們有的負責協調，有的擔任照片判讀、維修或通訊，唯一的共同點是都非常低調，從不暴露真實身分。

雖然，此時距二戰落幕已17年，但國際間的緊張情勢並未隨著戰事告終而趨緩。以美國為首的資本主義陣營，與以蘇聯為代表的共產主義，以「冷戰」展開一場長達半世紀的政治角力，華錫鈞身不由己捲入了冷戰的軍事衝突中。

1950年6月，北韓在蘇聯和中國共產黨的軍事支持下，於南北韓邊界的「38度線」揮軍入侵南韓。由蘇聯所扶植的北韓政府，以武力跨越二戰後，由美、蘇雙方所議定的北緯38度受降分界線，企圖統一朝鮮半島。美國政府為支援南韓應戰，不僅派遣海、空軍出兵朝鮮半島，更調來遠東第七艦隊駐守臺灣海峽。

「韓戰」——這場二戰後最嚴重的軍事衝突，在聯合國的介入與調停下，於1953年簽屬停戰協

定後落幕。但隨著韓戰擾動的東北亞地區情勢，也讓兩岸形勢更趨緊張，更在無形中強化美國想掌握中共、蘇聯兩國軍武情報的決心。

因此，韓戰過後，美國以民間機構掩護，提供我國政府資金、技術和 U-2 高空偵察機等設備，由我方選出一批和華錫鈞一樣飛行技術高超的飛行員，於 1961 年編組成立「第 35 偵察中隊」，共同執行對中國戰略情報蒐集的「快刀計畫」（Project Razor）。對外，這個 35 中隊是在執行氣象偵查任務，實際上卻是一個由美國中央情報局（CIA）主導的軍事情報小隊。

華錫鈞向這名美國軍官點頭示意，目光轉回地圖，盯著上頭其中一個圓圈，「北京……」他不禁想起前幾年，第 4 大隊的王英欽駕駛美製 RB-570 偵察機，在北京上空執行偵照任務時，被擊落的事件。

「3 年了。不知道這 3 年來，北京附近的空防又增強了多少。」閉上眼睛，華錫鈞明白此次任務非常棘手。

當年，由王英欽所駕駛的 RB-57D，因其飛行高度可達到 65,000 英尺，在執行偵照任務時，能輕鬆躲避米格-19 的追擊，來去敵人領空如入無人之境，而有「空中偵察霸王」之稱。

只是，誰都沒有料到，3 年前的一顆地對空飛彈，一下子改寫了兩岸空中情報攻防的情勢。王英欽遭擊落，不但成了世界防空史上，第一架被導彈打下的飛機；更是殘酷地向我方及美方宣示，中共在蘇聯的武力援助下，人民解放軍已有了能擊落高空轟炸機與偵察機的地對空飛彈武器系統。

＊＊＊

聽取完任務提示後，華錫鈞轉往個人裝備室。著裝前，他先將衣物換下，準備穿上特製的無接縫棉質內衣褲，在打開個人的置物櫃時，一小張剪報，順著櫃門落了下來。

華錫鈞彎下身，正準備拾起，門外傳來叩叩的敲門聲。

「報告，個裝士請示進入。」

「請進。」

「謝謝長官。」年輕下士一進門，併腿抬手，先朝華錫鈞敬了禮。禮畢後，他道：「長官，今天由我來協助您著裝。」

「好。」

華錫鈞拿著方才掉落的剪報，用手拍去上面的灰塵，將它貼回櫃門上。剪報背後的膠有些不黏，他用手多按了幾次，還是止不住地滑落。

上士撿起飄到自己腳邊的紙，發現那是一張英文的剪報，內容報導在名叫 Cortez 的小鎮裡，傳出有外星人在夜裡緊急迫降。忍不住問：「長官，這上面寫的是你嗎？」

「年輕人英文不錯！」華錫鈞笑著接過剪報，將它夾在周毓和的照片後面，「裡面的故事，將來有機會再告訴你。」

「是。謝謝長官。」

華錫鈞說著，準備關上櫃門，裡頭掛著的外套，卻讓年輕的個裝士看直了眼。那是件繡有黑貓隊徽的飛行外套，大紅底圖上一隻雙目放光的黑貓，澄黃的貓眼精明銳利，在仄小的鐵櫃裡格外醒目。

他看得入神，一時間忘了動作。華錫鈞拍了拍他的肩膀，問：「看什麼看得那麼專心？」

「報告長官，我在想要怎樣才能飛⋯⋯」他紅著臉，連忙取來壓力衣，邊攤開邊回答道。

「年輕人，你也想飛嗎？」

「很想。但我體檢沒過關——」年輕的臉龐，難掩失望。

「飛行員的體能很重要，如果不行也別氣餒。」華錫鈞拍拍他的肩，「能在天上飛，靠得是很多人的努力跟協助，就算不能飛，國家也同樣需要你。」

個裝士頷首，「謝謝長官，我曉得的。」

他提起特製的壓力衣,幫著華錫鈞從腳開始穿上。這套壓力衣是為了駕馭 U-2 偵察機而特別設計的,由於關節的部位格外的緊,需要由個裝士協助,才有辦法慢慢地將衣服往上拉。

「長官,這衣服這麼難穿,穿上身一定很不舒服吧?」

「雖然不舒服,但卻是保命的工具。」

神祕的 U-2 偵察機,因有著削瘦機身和超長機翼,宛若一隻蟄伏在暗處的黑貓。由於偵照任務的特殊性,U-2 除了搭載可多角度拍攝的精密照相機,還在結構上採輕巧、不耗油的設計,確保飛機能直上 70,000 英尺的高空,躲避雷達和地對空飛彈的追擊。但這樣的設計使得它極難駕馭,高速容易解體、過慢則會失速,更常在高空突然熄火。

若不幸遇上高空熄火,不僅座艙無法加溫,溫度會降到零下 60℃~70℃,加上艙壓消失導致飛機內接近真空,血液的沸點會低於一般正常體溫。此時壓力衣可保護飛行員,除了維持氧氣供給,也避免他們全身血液沸騰、血管爆裂致死。

　「唰——」當背後的拉鏈拉起，華錫鈞朝個裝士伸出雙手，由他為自己戴上手套。

　當一切就緒，華錫鈞向眼前的年輕人點頭示意。接下來到起飛之前，自己都必須留在這兒，靠吸入純氧將體內的氮氣排出，以避免飛到高空之後，因體內的氮氣膨脹，造成不適昏厥。

　這段期間，他靠在椅子上一面呼吸純氧，一面反覆仔細地研讀手上的地圖。心裡想著：「不知這趟飛北京，會不會碰上地對空飛彈？倘若遇上了，也不知以U-2的飛行高度，能否避得過⋯⋯」

＊＊＊

　　清晨 4 點半，機坪上的 U-2 在曙光裡，像隻將醒的黑貓。當日的後備飛行員王太佑正在機上檢查。雖然，今天要飛的人不是他，但在已著裝的飛行員抵達前，多半都由當次擔任後備飛行員的隊友，協助起飛和落地，其中也包括任務機的檢查跟最後確認。

　　不多久，一輛廂型車載著華錫鈞抵達。待華錫鈞坐進座艙，王太佑為他扣好降落傘，接上氧氣接頭與電訊插頭，等一切就緒後，王太佑不知從哪摸出兩枝削好的鉛筆，順手插進操縱桿前方，然後笑著說：「舊的那兩枝我先幫你收著，等你回來拿！」

　　「好。」華錫鈞笑著回應，這是他倆的小默契，也是隊友還在等他平安歸來的意思。

　　檢查完畢，王太佑抬起手，豎起大拇指，朝華錫鈞說了句：「Do your best!」，華錫鈞回以同樣的手勢：「Thank you.」

清晨五點,天光像剛睡醒的貓尾巴,從地平線伸了出來。已到了起飛的時刻,王太佑上前,替華錫鈞蓋上座艙罩,並將它鎖好。然後步下梯架,在漸亮的天光中,目送著華錫鈞所駕駛的U-2御風而起。

＊＊＊

70,000 英尺高空上,蒼穹盡頭是一抹深邃的藍。華錫鈞駕駛著 U-2 偵察機,於水氣與灰塵絕跡的高空中悄聲飛行,宛若張開雙翼的黑色天使。因為所有的雲都停在 40,000 英尺以下的對流層,使得座艙外的陽光顯得格外耀眼,連天空也湛藍得沒有一絲雜質。

　　對華錫鈞來說，窗外的景色之於他，早已過了當初的悸動。雖然，他依舊很享受這種翱翔天際的感受，也仍會為天地浩瀚、生命渺小而觸動。只是，一旦他穿上這身特製的裝備，以「黑貓」之名，執行國家所交付的任務，所有的念想他都必須摒棄，只留下「完成任務、全身而退」這唯一的信念。

透過飛機的下視鏡，華錫鈞分辨出自己正逐漸接近青島，他先找出下方的地標，確認自己在正確的航線上，然後用鉛筆寫下飛行紀錄，一切就緒後，他沿著地圖上那條紅線飛行、前進，準備在抵達目標地上空時，執行偵照的任務。

＊＊＊

飛機自青島登陸後,華錫鈞便發現,不時有共軍的戰鬥機,從他的機腹下方掠過。看著那一條條白色的凝結尾,頻繁地在身下巡弋而過,華錫鈞與他駕駛的 U-2 則像藏在房梁上的黑貓,無聲無息地從米格機頭上越過,朝北京的方向一路飛去。

當他飛至山海關附近時,偏流儀狹窄的視窗裡,驀然現出一條蜿蜒的龍,沿著山脊蟠踞。

「萬里長城萬里長,長城外面是故鄉⋯⋯」熟悉的旋律自腦中響起,一時間,那條搖頭擺尾的龍便鑽進他的童年,讓他有走入時光洪流的錯覺。

他數次目睹過空軍軍歌裡的「五嶽三江雄關要塞、美麗的錦繡河山」,今天他再次受到故國的壯闊撼動。他忽地想起,和他一起看雲、數星星的兒時玩伴,想起那個教會他〈長城謠〉的小學音樂老師,想起了自己曾想一睹萬里長城萬里長的心願。

迴環複沓的旋律,仍一下下扣在他激動的胸膛,華錫鈞沒想到會是在這樣的情況下見到心目中的長城,也沒想到本應受巨龍照拂的家園,竟讓共產黨的赤焰燒得分崩離析。

想到這裡，他更堅信了自己身為軍人的使命，是保家衛國，是讓人民能安居樂業，不再因戰火硝煙而顛沛流離。收拾起激動的心情，華錫鈞全神貫注地維持在任務航線上，隨著他越來越接近北京上空，下方的凝結尾也越來越多。

在飛過山海關後，華錫鈞沿著唐山、天津持續朝北京潛行，在抵達偵照目標前的 40 分鐘，他啟動機腹下方的相機，確認相機在高空低溫下，能正常運作。終於，這隻潛行的黑貓，悄然逼近了北京上空。

「要是能把北京這三年的空防部屬情況拍回去，在國防作戰上，就能知己知彼了。」靜默的天際裡，除了單調的引擎聲與華錫鈞自己的呼吸聲外，只剩下相機的快門聲響個不停。他清楚知道，有了這些珍貴的情資，將來 35 中隊的同僚，在執行對中國偵照勤務時，會因為有了更準確的參考依據，而安全不少。

北京已緩緩地離開視野，華錫鈞在心底鬆了口氣，因為這表示此趟任務已完成大半，他只需飛行

至張家口後回轉，即可返航。然而，就在此時，座艙內的警示燈卻突然亮起，「糟了，斷電！」他在心底驚呼，隨即試著重啟發電機，失去電力的 U-2 連自動駕駛系統也跟著失效。

＊＊＊

U-2 偵察機之所以被喻為「史上最難駕馭的機種」，是因為本身的設計極為脆弱，加上失速與超速的差距極小，使得操控困難，稍不留意機身便會解體，且飛機高空的安定性也非常差，常發生高空熄火的狀況。通常遇到這樣的狀況，只要降低 U-2 的飛行高度，再嘗試重啟發電機，便有很大的機率能恢復供電。但是在下方不時有敵機如鯊魚群環伺擺出殺陣，貿然下降，只會遭敵機一擁而上的撕碎。

「不行！千萬不能下降──」華錫鈞當機立斷，先關閉機上所有的用電裝置，再次重啟電門無效後，他試著維持飛行高度，只盼剩下的電力足以支撐他飛回臺灣。「距離臺灣還有一千多浬，若在抵達前就把電瓶裡的存電耗盡，就算飛回去也沒辦法降落！」他冷靜一想，此趟偵查北京的主要任務

已經完成,遂馬上掉頭,直接飛回臺灣!

這不是華錫鈞第一次遇到U-2在高空熄火。1959年,他在美國進行夜航訓練,便曾因此迫降在洛磯山脈區。只是,與那次暗夜的驚險相比,這次雖發生在白日,卻是在敵區航行,且天候已不如起飛時的晴空萬里,來時清晰可見地面景物,此刻全被厚厚的雲層遮蔽。而這也意謂著,接下來整整兩個小時,自己將會在沒有地標可參考的情況下飛行。

飛機上的磁羅盤僅能提供大致的方向,若無地標可以參考,飛行員很容易迷航,會不知道自己飛到哪兒去。然而,此刻在電力珍稀且敵人環伺的情況之下,該往哪飛?該怎麼飛?都是攸關生死的決定。華錫鈞朝東看去,往韓國的方向看起來天氣不錯,心中儘管生出了改飛韓國的念頭,但在手邊沒有韓國地圖,也無法確切掌握降落機場的位置,改飛似乎不是個好主意。

他抓起鉛筆,在地圖上快速計算著自己的方位。「臺灣的方向應該在165度──」華錫鈞想起自己第一次夜航訓練時的經驗──在闃黑的高空中

以六分儀追蹤天體，推算出自己的位置來進行「天文航行」——他隨即改以六分儀追蹤太陽的所在，再從太陽仰角的數據計算出自己目前的方位。

成串的算式落在航行圖上，最後算出的那組數字，如暗夜裡發光的星辰，為華錫鈞指引著臺灣的方位。華錫鈞感覺到壓力衣底下，一股無名的氣壓緊緊壓著自己的心臟，他突然想起了周毓和，想起了他們位在山頂村，那個小小的、16坪的家。

「等我回來。我們一起去看電影。」這是他對她說的最後一句話。

華錫鈞想起歸營那天，他和周毓和牽著手，走在通往村子口的路上，她不緊不慢地與自己並肩同行，彷彿不過是兩人平時的散步。直到自己要搭上廂型車前，才感覺周毓和收緊了握著的手，「路上小心。」她說。

想到這，壓在華錫鈞心上的那股力道，似乎又沉了一些。那次，他奉命帶著同袍郄耀華殉職的噩耗，赴臺南報喪。當郄家的大門一拉開，郄耀華的妻子吳琇臨一見到門外站著的，不是自己的丈夫，

　而是從小一起長大的同學華錫鈞時，馬上明白了他的來意。不善言辭的華錫鈞只能呆站在門前，看著吳琇臨哭得泣不成聲。他們的孩子聽到外頭的動靜，從屋內跑出來詢問，可無論怎麼悲傷、痛苦，都沒人願意先開口對那孩子說，「你爸爸走了。」

　「如果，我也跟耀華一樣──」當時的這個念頭，如今又浮了上來。無數的畫面，如一卷散開的底片，從華錫鈞的腦海翩躚而過。畫面裡有周毓和盼不到自己歸來的焦急身影；有她一臉擔憂，仰

著頭，數著歸航飛機的面容；還有一個惶惶不安的身影，徘徊等在山頂村，他們分別的那個路口——那一格格的畫面，最後全都變成了妻子的身影，她笑、她哭、她生氣、無論在哪裡，她都堅定地併肩和他在一起。

「不行。我一定要回去，毓和還在等我。」華錫鈞將思緒拉回機艙，他穩定住呼吸，向上帝祈禱，期待再次獲得上帝的眷顧，重演像 4 年前在高空熄火，最後卻能平安降落的好運。

不知不覺，華錫鈞已保持這樣的狀況飛行近 2 個小時，他感覺燃油正在耗盡，飛機也開始變輕。靠著估算的方位，憑經驗盲目地飛，多少會偏離航跡，但距離臺灣應該也不遠了！他用偏流儀搜索著，終於在厚重的雲幕裡，找到一處鬆開的雲洞。

「終於——」他鬆了口氣。當瞥見雲洞底下的粼粼波光，一江山、大陳三島映入眼前，他知道已成功出海飛向臺灣了。

## 2 黑貓任務完成，赴美研讀航太工程

一輛黑頭車在村子口停下，不知誰說了句「經國先生來了」，村裡的孩子全跑了出來。小年夜，炊煙瀰漫著年節的氣息，小小的巷弄擠滿了圍觀的人，時任「國軍退除役官兵輔導委員會」主任委員的蔣經國，前來山頂村拜年。只見他不時停下與人群寒暄，偶爾摸摸身旁孩子的頭，然後像個鄰家長輩般，問他們的姓名、勉勵他們的學業。

蔣經國同時也是快刀計畫的負責人，他接見了住在村裡的一干35中隊隊員，楊世駒、王太佑和華錫鈞因為已經結婚，帶著妻子住在這裡的眷舍，自然也在此次的慰問之列。經國先生除了肯定35中隊平日的辛勞，也提出只要能完成10次偵照任務，就可以依照個人的志願調離或轉至中華航空公司，擔任民航機的駕駛員。

聽到這個消息，王太佑和華錫鈞不可置信地互望了一眼，同為35中隊隊員，他們明白每趟任務

都是在與死神博弈；即使平安歸來，也隨時要面對兄弟同袍的殞落，龐大的壓力更是連親人也無法訴說。當黑頭車駛離，所有人潮都散去後，華錫鈞知道──上帝即將幫他開啟另一扇窗。

＊＊＊

夜裡，華錫鈞獨坐在窗邊，思考著任務期滿後的安排，他想得入神，連周毓和走近都未驚擾到他的思緒。雨滴滴答答的從屋簷落下，在這陰翳溼冷

的氣候中，回憶隨雨一滴一滴將華錫鈞推回童年。

1937 年，國小剛畢業的華錫鈞，本準備繼續留在南京念初中，沒想到卻在同年，爆發了七七蘆溝橋事變，因此舉家撤離南京，逃過大屠殺。動盪中他沒有放棄學業，考上第一屆空軍幼校，與郄耀華、王太祐成了同窗。在那段就學的時光中，華錫鈞依著自己的興趣，盡情地學習數學、理工方面的知識，當時他曾在心中掙扎，是要轉開民間航班，還是該繼續往理工領域深造。這樣的念頭，很快被第一次駕駛飛機的激動給沖淡。當訓練機顫顫顛顛跑過筧橋機場的跑道，爬升中的華錫鈞回望地面，當遠去變小的屋舍被平野空闊取代，壯志凌雲剎那填滿了胸襟，他知道自己的這輩子，都將與飛機緊緊牽繫在一起。

「若你有想法，就照著自己的意思走吧！不用顧慮我。」在華錫鈞旁坐了好陣子的周毓和，遞上一杯熱茶。

「轉民航不僅待遇優渥，也比留在部隊執勤安全──」腦中閃過前幾次自己在空中的驚魂，想到

殉職的同袍，以及隨自己每趟飛行，將整顆心跟著繫在天空的周毓和，華錫鈞心裡有說不出的歉疚。

周毓和看出他心裡的掙扎，伸出手輕輕地握住丈夫的手，「我記得你以前說過，當初本來打算如果放單飛被淘汰了，就繼續念大學。這個念頭現在還有嗎？」

「我是軍人，理應要報效國家。」華錫鈞低下頭，身為軍人的榮譽感，在他飛過 U-2 這種極富挑戰性的機種，看過不同一般飛機能見的壯麗與清寂之後，他明白，自己所做的決定，不單單是為了自己，也為了周毓和，為了國家。

「報效國家有很多方式，能力越強，能出的力就越多，不是嗎？」周毓和的話，像一陣風，吹散籠罩在華錫鈞心頭的雲霧。

遠處傳來孩子嬉鬧的笑聲，叩嘍、叩嘍……他穿過心頭的雲霧中，穿梭回剛進空軍幼校的時候，同樣的嘻笑聲中，他和郄耀華正合力推著一塊裝了滑輪的木板，從山坡上往下滑，那板子重又厚實，他倆一下子就衝到全班最前面。

「趕快！我們的飛機要起飛了。」郊耀華跳上板車，對華錫鈞伸出手，笑著要拉他上來。華錫鈞卻只是奮力一推，將郊耀華遠遠地送了出去後，高舉著雙手大喊：「我們的飛機要起飛了！」

收起與郊耀華的回憶，華錫鈞的心慢慢安靜下來。他抿了口茶，杯裡騰起的熱氣霧白了鏡片，驅開冬夜的溼冷，也暖了方才因郊耀華而起的心緒，默唸著：「我們的飛機，是該起飛了！」

未來，似乎也跟著清明起來。

屋外的雨停了，心裡已經有了主意的華錫鈞問說：「要不要出去走走？」

周毓和笑著：「好呀。」

入夜的山頂村，僅有的幾盞燈火都已熄滅。下過雨的天空看得見星星閃動，他倆牽著手的影子拉得長長，後頭還跟著一隻搖搖晃晃的小黃狗。

「冷嗎？明天我們烤栗子來吃。」他拉著周毓和的手，放進自己大衣的口袋。在他們把附近所有的路，都走上一遍之後，華錫鈞也跟著擬好了接下

來的計畫。

＊＊＊

　　接下來幾個月，華錫鈞抽空上了臺北，帶回一套大學工科的教科書，開始自學為赴美深造做準備。9月，他參加在臺北舉辦的美國研究生入學考試，沒多久，便收到美國普渡大學的錄取通知，隨後申請國防部公費出國進修的簽呈，也得到經國先生批准同意。

然而，就在華錫鈞提出辭呈，打算於赴美前夕先帶周毓和遷居臺北時，他的離隊申請卻遲遲未獲批准。眼看開學的時間越來越近，繁瑣的出國手續、留學簽證、以及周毓和在臺北落腳的住所，都卡在軍人不能擅自離隊而毫無進展，讓他除了擔心趕不上開學，也做了可能無法出國的心理準備。

直到飛機的前機輪離地拔高而起，背脊被那股力道用力推進座椅時，華錫鈞才確信自己真的已經搭上赴美的客機，展開他的求學生涯。十幾個小時的航程，就在經濟艙雙膝頂著前座椅背中度過了。他會先經過夏威夷，再到芝加哥轉機，待落地時，漫天飛雪將視線所及全蓋上一層白。胸膛呼出的熱氣成白煙捲進雪裡，刺骨的風颳著臉，踏著風雪，華錫鈞格外想念臺灣、想念妻子。「不知道她今天過得好嗎？」候機室的玻璃，倒映著自己蕭瑟的身影，外頭的跑道陸續有飛機起降，那一架架或遠颺或歸返的飛機，都是他不言而喻的心情。

「毓和，這學期的成績已經出來了。除了天

體軌道力學外，我一共得到 3 個 A。這已比我預期的要好，這一切都要感謝妳的支持。來這裡接觸航空科學後，更加確定自己想造飛機的想法，如果順利，應該一年半之內可以取得碩士學位。所以，我打算明年暑假一面先修博士的課程，一面申請學校獎學金，繼續進修。」

「這裡一切都好，課業的忙碌多少讓分別的日子顯得不那麼漫長，只是這裡的氣候雖夏季和臺灣不相上下，但冬季卻比臺灣還要冷得許多，是最叫人難熬的地方⋯⋯」

收折起手中的信件，周毓和心頭縈繞不去的，是丈夫打算繼續攻讀博士的計畫。儘管屋外暑氣正盛，竟意外襯得一個人格外冷清。她輕嘆了一口氣，「至少人平安⋯⋯」

兩地分離的日子，其實並不比數飛機的日子輕

鬆，指尖撫過倆人的合照，周毓和把出國伴讀的方法，全都想了一遍。在那個連出國都必須管制的年代，丈夫若是領公費留學的軍人，為確保公費生能在學成後返國，在臺灣的妻子便形同保證人，在這樣的情況下，想跟著丈夫一起赴美，根本是不可能的事。

周毓和坐在木桌子前，嬌小的身子挺直，就著昏黃的燈，展開了信紙。她坐了好一陣子，卻不知如何下筆，「錫鈞，巷口的龍眼樹結果了——」看著未乾的筆墨，周毓和想了想，還是揉掉了信紙，提筆，再重新寫過。

「錫鈞，展信好。本來只想跟你說，巷口的龍眼樹結果了。猶記得剛搬來這處時，你對著正開花的樹說，等這兩年結的果烘乾了，正好回來能泡成茶喝。

從信中得知你欲繼續進修博士，想起這兩地相隔的思念，豈是一張書信可以盡述？理智上，我支持你繼續深造，因我知道以你的能

力，定能在學術上有所成就。但在情感上，我卻必須要承認，在你不在的日子裡，我每天都數著你的歸期，盼望著你能早日回來⋯⋯」

不多久，華錫鈞收到回信。信中，周毓和對他盡訴思念的苦澀，也才讓他得知剛赴美那時，毓和為了不影響他念書的心情，總在信中藏起難熬的相思，獨自面對生活。華錫鈞於是去信給周毓和，和她約定會時常撥電話回臺灣，縮短彼此的距離。

這天半夜，華錫鈞抱著換來的一堆硬幣，走到活動中心的公用電話亭，準備打電話給周毓和。當時，他一個月所領的公費僅美金150元，雖然打電話回臺灣3分鐘就要花上十幾塊美金，但能跟妻子說上話，即便生活得過得省一些，還是值得。

由於當時電話並不普及，所以他們約好在周毓和午休時，打電話到她工作的地方。當話筒那頭傳來熟悉的聲音，一向冷靜的華錫鈞，突然有想落淚的衝動。

「毓和，是我──」他有好多的話想對她說，他想告訴她，自己從教授那裡，輾轉見到當年王助的設計手稿；想告訴她，美國航空科學與工業有多進步⋯⋯，但他最後只是壓著嗓子，怕抑不住的顫音會衝出淚來。

「妳好嗎？」他說。

妳好嗎，三個字遠渡重洋落進周毓和的耳裡，身後那一百多個分別的日子，都在這三個字裡，化做綿綿不停的雨，哽咽地織不出一個完整的句子。

3 分鐘的時間，一下子就到了，他倆幾乎沒說上話，就必須匆匆道別。那天晚上，華錫鈞失眠了。來美國半年，他第一次懷疑自己的選擇。閉上眼，腦中翻騰的都是課堂上學到的學科，而在那一組又一組工程運算式的盡頭，在空軍營區的大門背後，自己的未來在哪裡？

　　結婚多年，儘管周毓和對他微薄的收入從未有怨言，但若當時選擇轉往民航，現在不僅能有豐厚的收入，還能在臺灣享受家庭的溫暖。「我是不是做錯了？」華錫鈞心煩地翻了個身，床架子磕著牆，夜裡聽來格外大聲，吵醒寢室裡的其他人，被嘀嘀咕咕地抱怨了兩聲。華錫鈞只能筆直躺著，一動也不敢動地怕再發出聲響。夜，很快又安靜了下來。

＊＊＊

　　那天晚上，遠在太平洋另一端的周毓和也同樣失眠了！

　　她知道，無論華錫鈞最後的選擇是什麼，對彼此來說都是兩難。她希望他能實現夢想，在自己的

專業裡發光發熱；但另一方面，她又希望那條通往未來的路，是他倆手牽著手一起走出來的。她並不後悔支持他出國深造，一如她不後悔在此刻，向丈夫坦露自己的思念之情。

「一定會有辦法的——」周毓和想著，一個念頭悄悄自心底冒出，「若是向上司 Mr. Lee 提出請調美國呢？」她知道自己任職的「美軍輔導通信中心」是美國中情局在我方的通信機構，而負責督導通信中心的主管，又恰好是「快刀計畫」美方駐臺的計畫主持人，在軍方有一定的影響力和公信力。若她能獲得上司的推薦和擔保，或許國防部就能放行，讓她到美國陪丈夫攻讀博士。想到這，她煎熬的心也逐漸平靜，當天光漸亮，一夜無眠的周毓和，感到未來似也在不遠處發光。

＊＊＊

幾天後，升任隊長的楊世駒來拜訪周毓和，同時也送來一封請柬。

接過楊世駒遞來的的卡片，周毓和問：「這是？」

「35中隊要在臺北舉行晚宴，雖然錫鈞不在，但大家還是希望妳可以出席。」楊世駒一如當年初識時的親切：「我太太、還有黛比（王太佑的妻子）都會去，她們都很想念妳。」

「我也很久沒見她們了，那到時候見。」收下卡片的周毓和當時並不知道，正是這場晚宴為她開啟了企盼已久的機會之門。

宴會上，她遇見了35中隊的美方經理，言談中聊起了華錫鈞在美的近況。對方提出若是周毓和想赴美隨華錫鈞伴讀，他願意請計畫主持人克萊恩向經國先生說情，促成他們夫妻團聚。周毓和聞言感到非常振奮，一直以來她與丈夫相隔兩地，如今終於出現團圓的曙光。回頭她便先向自己的直屬上司提出赴美的申請，另一方面也不忘寫信通知華錫鈞這個好消息。

\* \* \*

雪花從四面八方落下，車子的雨刷無論怎麼掃，彷彿都掃不盡陰霾的天色。華錫鈞雙手緊握著方向盤，慢慢地往機場開。他想到初抵芝加哥

那天，也是這樣的天氣，但與當初獨自領受風雪不同的是，再過不久，他將迎來分別已久的妻子——毓和。

兩個多小時的路程，華錫鈞整整開了快三個小時才抵達。這是他第一次在美國開了這麼久的車，雖然一路上氣候極差，但與妻子為了出國所遭遇的困難相比，這沿途的風雪也算不上什麼阻礙。

窗外的天色暗了下來，風雪比來時更大了。「希望班機不會因下雪而延誤。」緊盯著班機時刻的華錫鈞暗自祈禱，直到看見身穿一襲藍色大衣的周毓和步出出境門，一顆心才真正放下。

「一路辛苦了。」接過行李推車，他對她說。

「不辛苦。」她張開手，環住他的人，「可以跟你在一起，一點也不辛苦。」周毓和閉上眼，周圍的聲音似全靜了下來，漫長的等待、所遭遇的難關、長官臨行的囑咐以及許多不言而喻的意涵，此刻都沉在他倆的腳下，波紋般一圈圈盪漾開。周毓和就這樣擁著華錫鈞，彷彿只有這樣才能確定夫妻團聚的真實。

＊＊＊

　　禮臺上的司儀揚聲唸出華錫鈞的名字，身著碩士袍，頭戴方帽子的華錫鈞，走上臺前。他看起來有些緊張，挺著胸站在臺上，像棵北地裡的雪松，一身軍人的姿態。1965 年 6 月，華錫鈞在數千名畢業生和觀禮人員面前，從校長手中接下畢業證書，在數千頂綴著彩色帽穗的方帽子，被拋擲上天空時，他從方帽落下的隙縫中，看見噙著淚光的周毓和。

　　周毓和不知怎麼的，站在觀禮的人群裡，看著

人們彼此道賀、相互擁抱，也看著華錫鈞離夢想又更近了一些，身旁人來人往，她卻忘了上前。

華錫鈞閃過一瞬困惑，但隨後瞇起眼，笑了起來。那山河歲月都落進他的眼裡，他朝她伸出雙臂，說：「毓和，妳過來。」

方帽子在空中翻了翻，最後掉在如茵的草地上。華錫鈞擁著周毓和，低低的在她耳邊說：「謝謝。」

華錫鈞拿到碩士文憑後，周毓和也在學校找到一份助理的工作，有了這份收入，讓華錫鈞無後顧之憂地繼續攻讀博士。在美國的這段期間，倆人日日相伴，度過結婚以來最愜意的一段日子。

1968 年初，華錫鈞利用博士論文審核前的空檔，帶著周毓和赴堪薩斯州的賽斯納飛機製造公司實習。這家以製造民用小飛機為主的公司，當時正生產一款型號為 T-37 的雙引擎噴射教練機。由於公司規模不大，華錫鈞所任職的軍用飛機部門都集中在同一個樓層辦公，這對初入航空工業的他來說，是一個絕佳的學習環境。他常利用午休時間至各部

門了解，也對飛機的外型、氣動、結構、系統設計到裝配等各個流程，有了更深刻的認識和瞭解。

華錫鈞來美國這 4 年，雖然所見所學都與飛行有關，但卻是自 21 歲進入空軍官校後，唯一不曾接觸飛行的日子。偶爾他仰望藍天，還是會對御風的快意難以忘懷，也依舊懷念蒼穹的廣闊無垠。因此，當他一取得美國民航私人飛行員的執照後，特地租了臺小飛機，想給周毓和一個驚喜。

周毓和雙眼被華錫鈞搗著，問：「我們要去哪裡？」

「等等妳就知道了。」華錫鈞的臉上止不住笑意。

當引擎轉動，只見華錫鈞駕著一架雙翼螺旋槳飛機，載周毓和乘風在山谷間盤旋。

「毓和，怎麼樣？飛行是不是很棒！」他興奮地指著遠方的景物，恨不能把過去飛行所見，都與她分享。

坐在後座的周毓和，慘白著一張臉，努力強忍

著飛行的顛簸，好不容易才吐出一句：「我覺得飛機震得好厲害——」

紅色的小飛機拔高越過山頭，載著他倆穿過金燦燦的光束，大風獵獵伴著引擎聲，讓華錫鈞重溫飛行最純粹的快樂。

待飛機停妥後，華錫鈞扶著周毓和下機，「今天的氣流不大穩定，所以比較顛簸，下次找一個氣流穩定的日子，再帶妳飛一次。」語氣難掩興奮。

周毓和一聽，連忙抽回被華錫鈞牽著的手：「不用了。」快步走下飛機。

自那次後，周毓和真的再沒坐過華錫鈞所駕駛的飛機。但這趟飛行的記憶，卻牢牢地印在彼此的生命中，陪他們到很老、很老……。

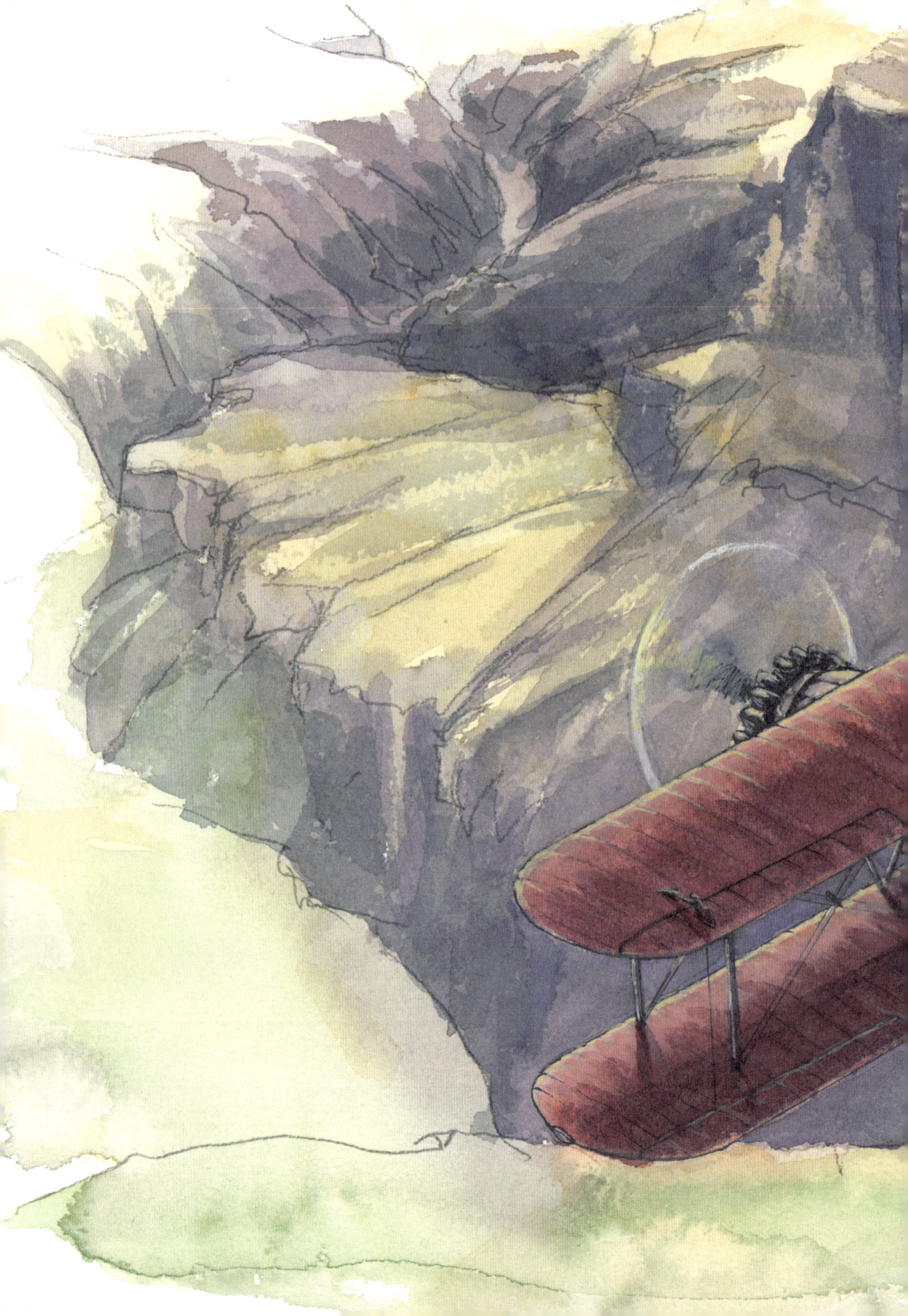

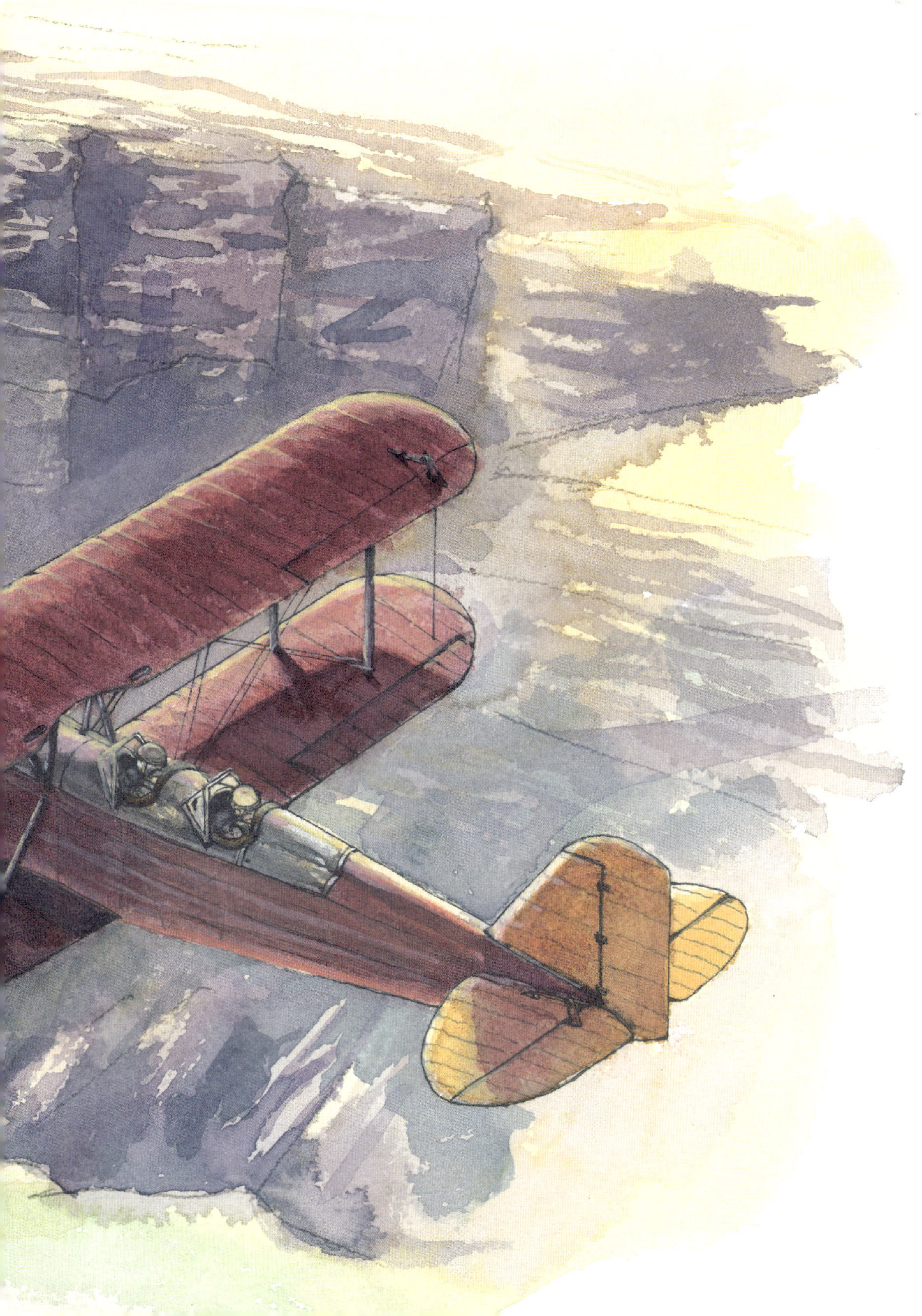

# *3* 臺灣第一架自製飛機，中興號啟航

凌晨 3 點，當城市還正做著夢，緊鄰市場的航空研究院已被吵醒。車子的引擎聲、菜販的交談聲、機車穿梭而過的聲音，越過營區的圍牆，擾動著華錫鈞的睡眠。既然醒了，他乾脆起身，端起床下的臉盆去盥洗。

簡陋的辦公室裡，連桌椅都是先從其他案子調來支援的。扭開一盞燈，華錫鈞獨自看著一行人從美國帶回的設計報告。想到去年（1969年），才剛帶著毓和返抵國門，便旋即被空軍總司令賴名湯派往美國，帶領學員出國參加洛克希德公司的飛機設計實習。當時，在發展國家航空工業、加強防空武力的目標下，航發中心已決議以自主研發的中型教練機取代舊式的美製 T-28 教練機。為此，航空研究院還任命華錫鈞擔任飛機設計室主任，主導這個研發計畫。

這本由他們自行編訂的手繪設計手冊裡，不僅

整理了大夥自洛克希德帶回的構思，還繪製了一架比 T-28 更輕、性能也更優越的中型教練機設計圖。

華錫鈞手指撫過設計圖，停在寫滿參數的機身上，團隊們對設計的發想還言猶在耳，「機身可以改瘦長一點，這樣阻力會比 T-28 小；然後再加上新式的層流型機翼，相信性能會再提升不少。」可惜這些都還來不及付諸實現，就面臨必須修改的命運。

「你們知道 2,500 萬是多大一筆錢嗎？」
「以航發中心的技術，真的造得出飛機嗎？」
「你們做出的飛機，到底誰敢飛？」

面對各界的質疑、有限的經費，以及必須在 3 年 6 個月內完成研製 2 架原型機的時間壓力下，華錫鈞只能捨棄原來的設計，改以最保守的方式進行，意謂著新式的中型教練機，最好盡量參照 T-28 的構型設計。然而，這看起來最保守、「簡單」的

方式，卻是最不簡單的。他蹙著眉頭，苦思著該從何處取得早就停產的 T-28 原始設計圖，連周毓和的來訪都未曾察覺。

「這是你的辦公室？」周毓和沒有想到，這趟南下探望，會見到這般景況。滄桑的老建築、舊桌椅拼湊的辦公室、以及華錫鈞那間只有一張床和散放的衣箱，再無長物的寢室。早市的人流陸續散去，空氣裡原本嘈雜的聲音，似那段在美國的日子，退到了他們身後。

「我當初，是不是不該勸你回來？」一想到三月天裡，華錫鈞還得用冷水洗澡，周毓和就忍不住掉下淚。

華錫鈞笑：「萊特兄弟當年都能在自行車店，做出全世界第一架的飛機。王助在造船所的水邊，都能造出中國的第一架水上飛機，我想，我們一定也可以在臺灣造出噴射戰鬥機來。」

空蕩的寢室裡，華錫鈞朝周毓和伸出手，他牽著她，跳起一支無聲的華爾滋。在這個老技術局的二樓，倆人的影子映在牆上，浮浮晃晃地像街邊播

的電影。一幕推著一幕,回到了 1968 年底……

「賴總司令在信上說了什麼?」當時,一聽到空軍總司令賴明湯來信,周毓和猜測應該是華錫鈞即將取得博士學位的消息已傳回國內。

「總司令說空軍正籌劃自建航空工業,希望我能盡速返國參加。」華錫鈞畢業在即,但美國正好有試飛員的職缺釋出,工作輕鬆、待遇也好。但他思量若留在美國,不僅違背當初赴美的初衷,想為國家「造飛機」的夢想,又要怎麼實現?

「看五嶽三江雄關要塞，美麗的錦繡河山⋯⋯」熟悉的旋律自腦海中響起，往昔那段駕著飛機，幾度冒著生命危險，只為捍衛家國的信念，也隨歌曲縈繞在心底。華錫鈞明白，此刻正是他可以再為國家效勞的機會！

他將目光從信上移開，看向身旁的妻子，心裡想著，「若是返國，以我一個軍人的薪俸，定不可能給毓和過跟美國同樣的生活⋯⋯。」

周毓和看出他心中的顧慮：「你我都不是看重物質的人。雖然我很喜歡在美國的生活，但那是因為跟你在一起。」她牽起丈夫的手，撫過上面因長年駕駛飛機而生出的繭，戰亂的流離走馬觀花而過。戰火的第一聲炮擊自她 15、16 歲響起，直到隨父親海軍中將周憲章撤退來臺，烽火硝煙幾乎占去她整個青春年少。

周毓和的父親、弟弟皆是軍人，她比任何人都瞭解，盛世太平的背後，是需要無數人對國家的犧牲與奉獻，她對華錫鈞說：「若我們現在不回去，將來生活安逸了，會更捨不得回去。」

「但我怕委屈了妳。」心底百轉千回,不善言辭的華錫鈞最後只說這句話。

但這句話,對周毓和來說卻比什麼甜言蜜語都感動。「我不委屈,有你這句話就夠了。」

＊＊＊

無聲的華爾滋還在繼續,他和她的影子沿著寢室的牆面移動,「我倒覺得沒家具挺好的,很適合跳舞。」聽到華錫鈞的自我安慰,周毓和忍不住笑了。她環顧四周,這裡雖然簡陋,但能和心愛的人相守在自己的國家裡,再沒有什麼比這個更珍貴的了。周毓和將頭輕靠在華錫鈞的肩上,無聲地贊同了他的話。

他倆一圈接一圈地轉著,直到傾斜的陽光灑在他們腳上,隨步伐揚起的塵埃,金沙般繞著他倆打轉。封閉的房間內霎時如天地舒展,滿室浮光全幻化成一頁頁的藍圖,華錫鈞認出那是王助的手稿,此時,一架飛機衝出圖面飛了出來——

「是研教一式!」他像是被什麼擊中,腦中

TOWARD
THE UNKNOWN

突然靈光一閃,「妳等我一下,我突然有個想法──」華錫鈞愣愣地盯著素白的牆壁,沒等周毓和反應過來,轉身便跑回辦公室去。

＊＊＊

團隊們從 T-28 的修理手冊中,找到一部分的飛機內部架構資料,但這些僅足夠應用在維修上。若是要打造一架全新的飛機,他們必須精準掌握每個零件的參數,才能確保組裝後符合設計構想。

華錫鈞結合那日他從 XT-1(研教一式)得來的靈感,把修理手冊中的資訊轉繪成外模線,再利用三面投影發展出機身的打樣。他運用在美國所學到的知識,將飛機模線的空間曲線方程式,改寫成電腦程式,並找來過去曾跟隨過王助的老士官孫火全,由孫老先生帶領,依電腦運算出的數據,製作飛機的實體模型。

「孫士官長，飛機的起落架我們還是必須按照 T-28 原設計製作。」華錫鈞一邊端詳著手裡的數據，一邊對孫火全說。

「這樣行不通！你們這裡、這裡、還有這裡⋯⋯全都改得跟原本不一樣了，起落架不改，這飛機就做不起來。」老先生脾氣上來，氣呼呼地拿著長尺，敲著桌上那一張張的機件藍圖。

「我知道──但是──」

「要不就都不要改，要不就是全改。沒有這種改一部分的道理！」孫火全不等華錫鈞說完，開始收拾桌上的工具，「走啦走啦，今天沒啥好做的，可以下工了。」他對著幾位跟他一起從介壽一廠過來的模型工說。

「士官長⋯⋯」華錫鈞試著解釋，想留下他們。早在航空研究院還位於成都時，孫老先生便在裡面擔任木工，他不僅熟識飛機藍圖，當年在跟隨航空研究院王助副院長期間，還共同參與了「研教二式機 XT-2」、「研教三式機 XT-3」的製作，可說是經驗非常豐富。加上整個航空研究院，現正參

與「造」飛機的，多是去年同自己一起赴美實習的軍官，不論是實務經驗和團隊默契方面，皆還是要仰仗孫火全和他的班底。

「年輕人，如果你不懂造飛機，就不要折騰了。這一沒做好，掉下來就是一條人命，一個家庭。」孫火全不苟言笑地說，在那遙遠的過去，他不只一次地看著試飛員，犧牲生命支持國家的航空工業。

華錫鈞展開那份重新計算過的數據，以最認真、誠懇的語氣，說：「士官長，您說的我都知道。您看這份數據，都是為了配合這副原始起落架而重新計算的。」他拿起桌上那臺等比縮小的模型機，「我也很想請美國的衛星工廠為這架飛機，重新設計專用的起落架，但以目前的預算，真的沒有辦法。」那架還未塗裝的模型飛機，四平八穩的停在桌上，將它四平八穩撐起的，正是那副經團隊精算後，所設計的起落架。

「既然有了數據，就早點拿出來呀！」老先生掛起眼鏡，抄起長尺，對著眾人大喊：「還站在那

邊幹什麼？上工啦！」

孫火全取得電腦運算出的外型模線數據後，立即率領木工單位的員工，動手製作飛機1比1的模型。有了全尺寸飛機模型，團隊開始針對細部展開一系列的規劃，從使用介面、油路、電路到前機身發動機罩，甚至外型骨架等，全都採用新的器材和設計，可說是一架已和 T-28 完全不同的全新機種。

這架飛機，雖然是以 T-28 為原型研製，但它卻象徵著我國航空工業，在遭遇戰火、不得不中斷

近20年之後,再次「中興」。

隨著「中興號」(T-CH-1)的細部設計和工作項目逐一確定後,團隊開始分工施作。但是這4,000多張的藍圖,單憑現有人力是不足以負荷的,適逢1971年中正理工學院航空工程系第一屆的學生畢業,那班25位畢業軍官8月奉命派赴航空研究院,適時為這項計畫帶來助力。同年年底,設計藍圖漸趨完成之際,介壽一廠成立了「中興號試造組」;隔年9月,華錫鈞奉命接任航空研究院

副院長，督導範圍擴大至中興號的結構試驗研究室與試飛室。

隨著飛機逐漸成形，團隊的士氣也越來越高昂，每個人無不卯足全力，為的就是想早日把中興號送上青天。那時，許多零件的設計圖才剛送至現場，資深的技術人員便會親自下來製作、修改，並以最快的速度回饋，讓設計部門進行檢驗、修改與調整。在航空研究所全體的努力下，1973 年 9 月 29 日，中興號以橘紅螢光的耀眼塗裝，正式舉行出廠典禮。

典禮那天，航發中心上下數百人都來參加，周毓和也來了。介壽一廠的營區裡熱熱鬧鬧地，禮臺上擔任航發中心主任的李永焰，正準備將中興號的模型機，恭呈給空軍總司令陳衣凡。在總司令接過那刻，臺下響起伴著熱淚的掌聲，溫馨隆重。典禮隨總司令開始頒發獎金，逐漸推上高潮。

「這是我們自己造的飛機。」

「想當初沒日沒夜的畫圖，沒想到真的做出來了——」

「看看這個塗裝,實在是太好看了。」

「真期待看它飛上天!」

四周傳來讚嘆的話語,每個人的臉上都帶著歡欣的笑容,但置身在人群中的周毓和,卻怎麼也找不著華錫鈞。

「請問,你們有看到華副院嗎?」她攔下幾個著軍服的年輕人,問。

「沒有。」年輕的上尉搖頭。

「會不會在那邊?」另一名指著停機的棚廠,「副院不喜歡人多的地方,這時候一定和飛機待在一起。」

周毓和繞過觀禮的人群,走進棚廠深處,果然在機輪附近找到華錫鈞。

「怎麼不跟大家一起慶祝?」

聽見她的聲音,華錫鈞轉頭,一臉歉意的說:「毓和,抱歉!我忘了妳在。」

周毓和走近，看著華錫鈞若有所思的臉：「不開心？這不是你一直的夢想？」

華錫鈞臉上看不出情緒，專注地望著中興號，這一路從研發到出廠的過程，全歷歷在目。目前飛機的引擎仍需向國外採購，而能測試機身的風洞實驗室也尚未建置，還有要發展航空工業所需的人才，國內目前仍遠遠不足……空氣裡浮動的興奮與激動底下，他其實很清楚，這只是起點，我國要「造飛機」還有好長一段路要走。

而他身後的天空，彷彿能預見在中興號起飛，訓練起一批又一批飛行員的不久之後，還會有我國自製的戰鬥機，劃破青蒼、翱翔其中。

# 4 鷹揚臺灣海峽上空——自製防禦戰機IDF

「A2、A2，聽到請回答！」地面管制室裡的人員對著無線電大喊。

尖銳、紛亂的聲音緊接著響起，有人驚呼：「無線電斷訊了！」

「跳傘！跳傘！高度不夠了，試飛官，趕緊跳傘！」

「直升機呢？直升機來了沒有？」

救護車的鳴笛聲如利刃劃過半座城市，切開華錫鈞的夢魘。

睜開眼，華錫鈞定定看著壓在手臂下的 IDF 的設計圖，一想到伍克振在進行高速低空試飛時，不幸失事墜海殉職，他顧不得夜已深，振作起精神，繼續埋首在 IDF 的襟翼與尾翼的設計上。他心想，「一定要快點找出 IDF 顫震的原因，不能讓伍克振白白犧牲。」

人在房裡的周毓和聽到了聲響，前來關心：「不休息一下嗎？這樣身體會累垮的。」華錫鈞抬頭歉然一笑，「妳怎麼也還沒睡？」

周毓和拉了張椅子，在華錫鈞身旁坐下，「這幾天第3聯隊的太太們都輪流去伍家幫忙，我在想——還能再幫慧菱及兩個孩子做些什麼。」那天，從電視上得知伍克振殉職的消息，讓周毓和又憶起過往。在那段數飛機的日子裡，同住眷村的鄰居太太們總像這樣，手拉著手，在彼此有急難需要幫助的時刻，合力接住彼此。

「毓和，謝謝妳。」華錫鈞取下眼鏡，揉了揉緊繃的太陽穴。

「說什麼謝，是我自己想這麼做。」她靠了過去，肩膀挨著丈夫，「倒是你，心裡難受就說出來，不要都悶在心裡，會悶出病來。」周毓和忘不了意外發生當日，深夜返家的華錫鈞獨坐在漆黑的客廳裡，低垂著頭，一句話也說不出的樣子。

華錫鈞伸出手，攬了攬妻子，「我沒事。為了不讓克振白白犧牲，也為了要對慧菱和孩子有交

代，我沒有時間難過。」

「找出原因了嗎？」

「嗯，妳早點休息，我要把這些數據再算一遍——」華錫鈞說。

離開書房時，周毓和回望了埋首數字裡的華錫鈞，想著此事必定會引來國人對 IDF 的懷疑與不信任，她知道丈夫肩上的擔子又更重了。

＊＊＊

時鐘喀噠、喀噠地走著⋯⋯華錫鈞的筆飛快，寫下的數字串成一組組公式，如音符譜成樂曲那般，設計飛機所依靠的全是這些數字。從座艙的安排、引擎安裝的位置、進氣口的設計、機內的雷達等各種次系統的裝配位置、到油箱的容積、武器的掛載方式⋯⋯甚至飛機的外型、重量、重心、升力、阻力、安定性等，一項項都仰賴精準的數據驗證、建構而來。

從華錫鈞 1969 年返國至航發中心述職至今，轉眼過了 22 個年頭。這段期間，從航發中心誕生

的飛機已有：T-CH-1 中興號中級教練機、XC-2 中運量運輸機、AT3 自強號噴射教練機，以及 XA-3 雷鳴號噴射攻擊機。

按照當初的研發計畫，我國在空戰防禦武器上，既然已經擁有了「雷鳴號」空對地攻擊機，緊接著應該著眼於空防戰機的研發。這也讓航空研究院起了研發超音速戰機的信心。

1978 年 12 月 16 日凌晨，美方宣布與我國斷交，並於公布將於隔年 1 月 1 日起，與中華人民共和國建交。斷交的消息一曝光，不僅舉國譁然，同時也象徵美方將會收回對臺的軍售及各項援助，臺海的情勢將更加緊張。這場國際情勢的劇變，使航空研究院不得不加速自製戰機的計畫與腳步。

考量到當時我國空軍 1961 年起，換裝使用由美國洛克希德公司所設計的 F-104 星式單引擎戰鬥機，隨著時間老化導致後勤堪憂，伴隨著極高的失事率，而有「飛行棺材」、「寡婦製造機」的惡名。此時對手中國解放軍擁有的是俄製米格-21 戰機，憑藉靈巧的操控性，曾經在越戰中重創美軍新

華錫鈞
―― 以鐵翼扛起臺灣 071

式的 F-4 戰機。解放軍後續進一步仿製米格-21，生產殲-J 系列的龐大機群。

空防戰機的研發是一場與時間的競賽。越早研製出安全且性能優異的戰機，能夠越早提高我國的國防安全，更要保全無數優秀飛行員與他們背後的家庭。

在與美國尚有合作的研發前期，美國飛機製造商「通用動力公司（General Dynamics）」運用空戰電腦模擬，計算出我方空戰防禦的需求，應著重研發「空優型戰鬥飛機」。

此外，團隊也參考美軍近 20 年來的空戰經驗，發現空戰的主戰場皆在穿音速範圍內，顯示一架能在該範圍內靈敏作戰，面對敵機來襲可以在 5 分鐘內緊急升空、迅速接戰的戰機，將是我國自製戰機的首要條件。

而這架由美國技術協助開發的「自製防禦戰機」（Indigenous Defense Fighter, IDF），不僅是我國空軍建軍史上，最大的自製武器開發計畫，且從構想、外型、機體結構、先進的線傳飛控、航電、次系統到進入全程發展階段，皆投入無數專業人力，其複雜程度與分工與後續的系統整合，都遠超過航發中心先前所研製的機種。

從計畫草擬開始，即分成三個子計畫各別執行，歷經 4,000 多個日子，總共研製了 480,000 餘件的零組件、設計工程圖 7,000 餘張，還有上萬份的試驗報告、計畫書以及各式相關的製造工具等等。

「主任，為什麼 IDF 不直接安裝美國通用的飛控軟體系統？」一位剛從美國撤回國內的航電設計工程師問。

那段期間，為了整合航電與機體系統，華錫鈞陸續從國內外調來數十位的工作人員。只是計畫龐大，難免會有夥伴對眼前的事務感到迷惑，為此他說道：「因為這等同將飛機的『靈魂』都交給對方。若我們不能擁有自己的飛控軟體，IDF 就僅是

一副軀殼、一組模型，未來若兩國情勢生變，我們要如何能獨立維護這架飛機？」

「那華盛頓那邊同意將飛控軟體技術移轉給我方嗎？」

「美方也在觀望──」華錫鈞這幾年赴美交涉的經驗，軍人的敏銳讓他感受到兩國軍售上的微妙氛圍，只要我國能擁有自製類似產品的能力，美國多半會提供技術支援或同意軍售。因此，擁有研發自製的實力，不光是國力的展現，也是軍購談判爭取的籌碼。

「但我相信，只要等 IDF 開始生產，美方就會願意降低軟體機密的層級。」他拍拍這名年輕工程師的肩膀，「既然要做，就要做到掌握軟體自主！日後系統升級也才不會受制於任何國家。」

秉持著這樣的信念和使命，華錫鈞與航發中心的夥伴們上下一心，除了戰機本身，連飛機的次系統、引擎、飛彈、雷達等軟體不計其數的主系統項目，都先在 1 比 1 木製模型機中模擬裝配驗證、測試，力求研發與系統整合圓滿。不僅如此，從戰機

測試原型機組裝、出廠、到試飛等,均是航發中心同仁日夜加班趕工,親力親為之下的成果。

* * *

「主任,我們委託請美國做的顫震風洞試驗有結果了!」設計組組長彭元熙抓著一份報告書,衝了進來。

1988 年 12 月,IDF 戰機終於以紅藍白三色塗裝、尾部掛著 2 枚國產天劍一型空對空飛彈的樣貌,在出廠典禮亮相。不僅引來國內外媒體爭相報導,也引來各界無數的關注。其中不乏質疑的聲浪:「臺灣連汽車都無法自製,還妄想自製戰機?」

IDF 被嘲笑是一臺只能看、不能飛的「實驗品」。這些風言風語並未打擊航發中心上下的信心,反而使他們更加團結、堅定。

「怎麼樣?報告上怎麼說?」設計組的同仁一擁而上,大家都很關心測試的結果。

彭元熙遞上報告:「上面寫這次送去測試的模型還是有狀況。」

華錫鈞翻著報告書，裡頭載明飛機在低空穿音速，速度 1 到 0.96 馬赫附近，襟副翼會產生蜂鳴現象，「這個速度已經在穿音速的範圍內──」華錫鈞喃喃地說，「這個蜂鳴，很可能是因為襟副翼勁度不夠，在穿音速時產生顫震（Flutter）所引起的！」

彭元熙拿起桌上等比縮小的 IDF 模型：「所以說，這架 A2 機的襟副翼還必須再增加強度。」

「那該增加多少強度？」組員問。

「這要等 A2 機信號遙測量計測試檢查完成後，先在這幾個結構重要的位置，用懸吊加力的方式測試──」放下報告書，華錫鈞攤開 IDF 第二原型機的設計圖，手指落在襟副翼的位置，像在思索著方才的問題。不多久後他抬頭，與彭元熙交換了一個眼神，道：「即使是這樣，最後還是必須靠試飛，看飛機顫震有沒有擴大至整架飛機，才能確定強度是否足夠。」

＊＊＊

「1991 年 7 月 12 日 13 點 15 分，編號 10002 機第 199 架次⋯⋯」伍克振填寫著飛行紀錄表，上午已經飛過 2 次的他，等會還要再飛一次。

「副組長，等下飛到 5,000 英尺的時候，會有 4 個檢查點，你記得要『砍桿』──就是推拉駕駛桿，好讓飛機產生激烈振動。」管制室內，試飛工程師以無線電，向伍克振解說此趟的測試項目。

「收到！」為了這個高難度的測試，伍克振反覆練習了很多次，這趟的主要任務是──低空高速的安定性試飛，測試 IDF 在低空穿音速時區間的顫震狀況。

當飛機速度來到 1 馬赫穿音速與 0.96 次音速區間，此時機體表面的氣流一部分是超音速、一部分是次音速，所以氣流會分離，導致飛機產生不穩定蜂鳴與顫震。因此試飛員必須先將飛機維持在 5,000 英尺的高度，從 1.15 馬赫開始，每降低 0.05 馬赫，便推拉駕駛桿，讓飛機產生震動，來觀察振幅是否會擴大至「顫震」，繼而影響整架飛機的結構安全。

「伍教官，準備好來了嗎？不要讓我們等太久。」跑道上，一架編號5386的F-5F雙座機跟在伍克振駕駛的A2機後面，試飛官陳顯信向伍克振做最後確認。

「你們才要跟好，當心追不上。」伍克振伸出手，朝後方伴飛的5386打了個手勢後，蓋上座艙罩，開始加速起飛。

飛機升空後，伍克振先飛至測試高度並開啟後燃器，將飛機加速至1.15馬赫，砍桿：「管制

室，A2 通過第 1 個檢查點。」接著，他減速朝下一個檢查點飛去，這時地面管制室傳來呼叫：「A2，推拉再激烈一點！」

「A2 通過第 2 檢查點。」伴隨「砍桿」而來的反作用阻力，讓伍克振不自覺更緊握駕駛桿，他持續減速，全神貫注朝第 3 個檢查點前進：「我盡力了！這已經是最激烈的──」

「還不夠，再多來一點！」

「A2 通過第 3 檢查點。」

在高空中盤旋的隨伴機 F-5F，看著伍克振駕駛的 A2 連續穿過幾個檢查點，機上的陳顯信對身後一起執勤的謝志勇說：「看起來很順利！老伍應該沒問題。」

在 A2 機速度來到 1 馬赫，剛抵達第 4 檢查點時，伍克振開始「砍桿」，當飛機減速至 0.96 區間時，右側襟翼、右水平尾翼開始出現劇烈的顫震，隨即以極快的速度擴散至整個機身。

「很好，終於等到你了！」伍克振揚起笑。

這趟試飛最重要的任務，就是找出 IDF 顫震的原因。身為 IDF 的試飛官，伍克振不僅是駕駛著飛機，依工程師的指示飛行而已。在加入試飛組的這段期間，他與其他試飛員們，花了很多的時間，跟在生產線旁看飛機裝配，也一起參與大大小小的研發會議，只為了能更加瞭解 IDF 的系統。

「雖然已經按照美國回來的測試報告，加強從襟翼到副翼這段的結構，但不確定目前的強度，是否足以改善飛機在穿音速與次音速範圍內，發生的蜂鳴跟顫震現象。」會議中，彭元熙偕同工程人員，對伍克振分析此次的試飛計畫。

「好的。我瞭解了，這的確要透過試飛才能掌握。」已參與過整套試飛程序擬定的伍克振，因為常熬夜跟著工程師一起加班討論，深知唯有藉著試飛，才能精確掌握 IDF 的極限測試。

「克振，這次要測試的是一個未知的領域，對戰機而言，低空穿音速飛行是比較危險的嘗試，許多飛機在此產生顫震。顫震是氣動力和結構振動的「耦合」，常常是震幅迅速擴大導致飛機解體，風

險性非常高⋯⋯」IDF 的首飛試飛官，同時也是伍克振的好友兼學長的吳康明說。

「正是因為如此，所以我才更要飛！」伍克振想起先前自己駕駛「飛行棺材」F-104 時，遭遇兩次機械故障，死裡逃生的經驗，道：「我們需要一架安全的戰機，不能再有弟兄們出事了。」

＊＊＊

「教官，你還好嗎？」伴飛的陳顯信見底下的 IDF A2 機，突然如海豚般上下躍動，立即呼叫伍克振。

「A2，你高度太低了，趕快爬升──」管制室內，地面的工程師覺得狀況不對，緊跟著呼叫。

機艙裡的伍克振牢牢握著控制桿，拉起飛機，打算做完最後一個檢查點。因為，他知道這項測試，是何其重要。「再多撐一下，我要多蒐集些數據回去──」他心想。

然而，就在伍克振試圖穩住穿音速與次音速區間顫震擴散全機體，A2 機的右水平尾翼竟然承受

不住顫震，整個斷裂脫落。

穿過最後一個檢查點的伍克振大喊：「我要減速！」然而，失去尾翼的 A2 卻像隻墜落的雄鷹，直直朝海面俯衝而去。

「A2、A2 收到請回答──」管制室才剛接收到伍克振的一聲大喊，便隨即發現情況不妙，「他的無線電切斷了！」現場所有的人都緊張了起來，此刻守在無線電旁的華錫鈞，也已經忍不住身，準備趕往清泉崗機場。

隨伴機降下高度，緊追在失速邊緣的 A2 旁，「跳傘！伍教官，趕快跳──」陳顯信用機上的無線電，勸伍克振快點開傘逃生。

「還不行！」斷斷續續的信號聲傳來，伍克振說：「下面太多人了，不能跳！」

「快！再不跳來不及了──」話還沒說完，陳顯信便見到拖著白煙的 A2 機，飛離市區不久後，直衝入海面。

轟地一聲巨響，海面上掀起一道巨大的水牆，

裡頭有張來不及張開的降落傘，如來不及綻放的花朵，硬生生讓水幕吞噬進海浪裡。

＊＊＊

「IDF 的設計是不是有瑕疵？」

「媒體都笑說 IDF 是 I don't Fly，你就沒有話要說嗎？」

「花了國家那麼多錢，卻做了一臺不能飛的戰鬥機，航發中心是不是應該跟全國人民做出交代？」

質詢臺上，立法委員毫不留情地抨擊 IDF 是架不能飛的瑕疵品。面對排山倒海而來的質疑，華錫鈞沒有迴避，逐一地回應：「當初進行風洞試驗時候，我們便發現飛機在 0.96 馬赫範圍，會產生顫震──」

「所以說，你們明知飛機有問題，還讓伍克振去飛？」

「不是的。」華錫鈞拿出資料，一邊向眾人展示，一邊耐著性子解說：「是因為當飛機速度來

到 0.96 到 1.0 馬赫區間，便會進入穿音速的狀態，此時機體表面一部分氣流是超音速，而一部分則為次音速，所以會導致氣流分離，這個區間稱為跨音速（transonic）。跨音速區間會產生衝擊波（shock wave），在這個區間飛行的飛機容易失去平衡，是因為衝擊波增加了阻力，導致機體周圍氣流不對稱、不穩定，進而誘發『顫震』。只靠風洞實驗，做不出更精確的數據供我們判讀，必須藉由試飛去找出問題所在⋯⋯」

不等他話說完，質詢的立法委員隨即打斷，凌厲地說：「既然我國這方面的技術還沒克服，航發中心就不應該誇大 IDF 的性能，還連帶影響我們外購戰機的計畫！」否定與批判立刻引來其他委員的附議，檢討的砲火毫不留情地轟向航發中心，華錫鈞挺直背脊站在質詢臺上，恨不能將一切全部擋下。

會議結束，待所有人散去後，華錫鈞才邁著沉重的步伐離開。外頭是萬里無雲的豔陽天，但他從未像今日這樣，即使仰望藍天，也驅不散心

中感慨。

A2 機試飛失事後，國人對 IDF 的信心動搖，連帶也傳出要停止自製戰機，轉而向美、法兩國購買戰機的聲浪。

＊＊＊

「主任，您怎麼還沒下班？」剛和組員討論完設計的彭元熙，正抱著幾卷圖紙走過長廊，瞥見華錫鈞的辦公室還亮著燈。

埋首桌前的華錫鈞聞聲抬頭：「你和其他人不也都還在──」

「噯，這不一樣。」彭元熙想說他們不像華錫鈞，不僅要忍受採購經費的刁難，對上則要處理長官的「關切」，對外還須直面立法委員的質詢。但一見到華錫鈞滿桌的計算紙，知道他仍在琢磨 IDF 襟副翼的強度數據，把到嘴邊的話說成：「夫人說您不能太累，容易心律不整──」

「沒事，反正回去也睡不著，反倒會擾了她休息。」華錫鈞招手，喚彭元熙坐下：「我用伍克振

傳回的資訊下去計算,得到這個數據──」接過那張寫滿算式的紙,彭元熙聽見他問:「你覺得可以怎麼做?」

「主任,」彭元熙激動地起身,展開自己帶來的圖紙:「您看,這是方才大夥討論出來的,我們打算在襟副翼加裝擾流片,運用空氣力學來改善蜂鳴!」他指著設計圖上新繪的位置,「這組數據正好能支持的構想。」

在華錫鈞的率領下,航發中心團隊不畏打擊,持續為改善飛機襟副翼的蜂鳴而努力。最後,他們採用石墨纖維加強尾翼強度,並多次利用風洞進行測試,終於在 1993 年 11 月,解決 IDF 戰機因蜂鳴而產生顫震的狀況。

一架機身藍白紅塗裝的 IDF 戰機,劃破天際,隨即輕巧地在空中翻轉了數圈,在藍天留下白色的凝結尾,久久不散。1995 年,空軍節這天,數架 IDF 以絕佳的操控性,向世人宣告,我國首架自製的高性能空優戰機登場。

華錫鈞
──以鐵翼扛起臺灣

周毓和見華錫鈞目光灼灼，緊隨著凌空飛過的 IDF，忍不住伸手挽住他，問：「你那時要從航發中心退休，可曾擔心過 IDF？」

「沒有。因為，我知道 IDF 一定會成功。」瞇著眼，透過厚重的鏡片，華錫鈞彷彿能見到那個穿著空幼制服，高唱校歌「惟我空軍，嶽嶽英姿，下俯雲漢，上接紅霓……」的自己。

「我以後要造飛機！」少年對著模型飛機，揚聲許下宏願；操場上掠過以橡皮筋繩彈射升空的滑翔飛機，大夥奔跑著朝乘坐在其中的同學呼喊、揮手。楊世駒、王太佑、陳懷生、鄒耀華、葉常棣、張立義、李南屏……一張張青春稚氣的臉龐，各個懷抱著勇敢而無畏的夢想。

「接下來，你想做什麼？」周毓和望著丈夫的白髮，才發現歲月已在他追逐夢想時，悄悄留下痕跡。

逐漸遠去的引擎聲，將華錫鈞從夜航迫降的 Cortez 小鎮、天寒地凍的普渡校園、蒼白的老技術局二樓、到鷹揚起飛的 IDF 戰機……給拉了回來。

想到往後還有無數的青年，將會用他們的熱忱、汗水，點滴投注在國家的航空工業之中，他知道我國航空科技的未來，將逐一在他們的手中成型。

「往後的日子，我想要好好的陪妳。」滿天的夕陽將兩人的身影拉得很長，這份開啟於時局動盪，千難萬難的感情，慢慢積累、醞釀，最終漫長的相守一輩子。

\*\*\*

1960 年開始由美國軍援及軍售臺灣合計 302 架各型 F-104，總共服役長達 38 年，飛行時間 38 萬小時，直到 1998 年除役時，總計 114 架失事，66 名飛行員喪生。1995 年 7 月至 1996 年 3 月，中國人民解放軍試射 M 族導彈（臺灣海峽飛彈危機）；這時 F-CK-1A/B 已擔負起臺灣海峽第一線全天候空防任務。

TOWARD
THE UNKNOWN

# 鐵翼承載的重量

- 華夫人親筆信　　　　　　　　　　　　　　　　　　　092
- 28 位黑貓教官　　　　　　　　　　　　　　　　　　094
- 黑貓出任務！坐進戰機之前的準備　　　　　　　　　102
- 快刀計畫 Project Razor──臺灣和美國的祕密合作　 105
- 「快刀計畫」──國史館檔案選錄　　　　　　　　　108
- 極機密！華錫鈞的 GRC-125 任務　　　　　　　　　110
- DT──「經國號戰機機載軟體開發驗測模擬器」的故事
　　　　　／呆中興　　　　　　　　　　　　　　　112
- AI「阿圖」相助，U-2 不再孤軍奮戰！／克里斯・波克　116
- 華錫鈞與中華民國的航空發展歷程　　　　　　　　　118

華錫鈞與航發中心的 IDF 戰機合影。

## 華夫人親筆信

2017 年 1 月 24 日送別外子錫鈞後,「到現在,我每一天都在想他。」

家、國?國家……?當我成為有高度危險的飛行軍官眷屬後,大半生常會縈繞在心的是煎熬與抉擇,或許是從小親身體驗戰亂的無情與生離死別的苦痛!最終理性上總相信外子錫鈞一定會平安歸來。而能夠熬過無盡漫長的等待,是「信、望、愛」,是彼此的扶持和鼓勵!

外子錫鈞結束黑貓中隊的飛行任務後,多年飄蕩的心,終能真正的安定下來攜手相伴。1964 年,錫鈞獲得美國普度大學航空研究所入學許可,我們再次踏上未知的旅程。

他先後取得航空工程碩士、博士學位後在美國飛機公司工作,1969 年接到國家邀請他回國參與籌建航空工業,再次面臨家、國抉擇的煎熬,我再次以理性告訴他:不要留下遺憾,盡力勇敢的去為國家盡份力吧!這是對外子的支持,也是撐起自己的信心。

1969-1989 年 20 年間,錫鈞投入籌建國家航空工業,研發過程中面臨無數次的是與非!無情的嘲笑!煎熬困境中他依然承擔起!無愧的盡心盡力!錫鈞雖曾心力交瘁也終能瀟灑放下!我也再次盼得他平安回家相伴遠行。

離家多年後錫鈞仍心心念念國家航發事業與教育,國機國造計畫再起,我再次支持他回家盡份心力。

如今,每當窗外有戰機呼嘯飛過,聽聲音,我清楚地知道那

是錫鈞與航發中心同仁殫精竭智付出造的飛機飛過天際，感動也感觸良多，回想起很久遠的記憶～我們曾一起仰望著天空，聽他許諾要保衛國家的領空，夢想要為國家造飛機……彷如昨日！

　　1999 年錫鈞獲選為普度大學傑出航太工程師（Oustanding Aerosce），和第一位登陸月球的太空人阿姆斯壯（Neil A. Amstrongineer）等人一同接受表揚，親身陪伴錫鈞出席，深感彌足珍貴！

　　也期願國家年輕的空軍、新航發團隊接續傳承與承擔！能再創「航空救國」新里程！

　　整整 63 年錫鈞與我曾一起穿越艱難的歲月，彼此相知、相伴，今生能完成夢想，共享榮耀，此生了無遺憾矣！

\* 華錫鈞上將的夫人周毓和女士，於 2024 年 8 月 5 日辭世，享壽 103 歲。

華錫鈞上將與一路陪伴的夫人周毓和於 IDF 前合影（1988 年 12 月 10 日）

## 28位黑貓教官

　　大紅底圖上一隻雙目放光的黑貓，是大多數人對空軍「黑貓中隊」的印象。源自 1958 年 12 月中美合作的「快刀計畫」（Project Razor），1961 年起他們進駐在空軍桃園基地，深入中國大陸進行高空戰略偵察。

　　隊員通過入隊選拔後，需遠赴美國受訓。他們不僅擁有豐富的飛行經驗，還須有優秀的身體素質與堅毅的意志。由盧錫良上校擔任第一任隊長（1961.02-1965.05），從 1959 年到 1973 年間，黑貓中隊完訓的隊員共有 28 人，他們是：

**完訓的黑貓成員名單與受訓時間**

- 1959（民 48）年完訓：楊世駒、陳懷生、王太佑、郄耀華、華錫鈞
- 1963（民 52）年完訓：葉常棣、李南屏、梁德培、王錫爵
- 1964（民 53）年完訓：張立義、王政文、吳載熙
- 1965（民 54）年完訓：劉宅崇、余清長、莊人亮
- 1966（民 55）年完訓：范鴻棣、張燮
- 1967（民 56）年完訓：黃榮北、鄒燕錦
- 1968（民 57）年完訓：沈宗李、王濤、李伯偉、黃七賢
- 1971（民 60）年完訓：錢柱、魏誠、邱松州
- 1973（民 62）年完訓：易志強、蔡盛雄

## 楊世駒上校

官校第 25 期　第二任隊長（1965.05-1969.05）
1962.02.23 首次任務，共執行 8 次任務

「考空軍是我自己願意，憑著當時滿腔熱血，為國打仗，也不為自己。我沒有怨言。」

## 陳懷生烈士 追晉上校

官校第 28 期
1962.01.13 首次任務，共執行 4 次任務

黑貓中隊首次大陸偵照任務的執行者，也是第一位在出任務時殉職的隊員。

## 王太佑上校

官校第 26 期　第三任隊長（1969.06-1970.08）
1962.03.26 首次任務，共執行 9 次任務

「在空軍時，對得起國家；在華航時，對得起公司；此生無憾矣！」

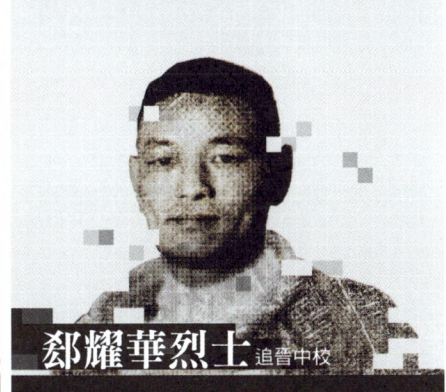

## 鄒耀華烈士 追晉中校

官校第 26 期
黑貓中隊第一位殉職的飛行員

1961.03.19 於桃園基地實施夜間訓練，因飛機失事而殉職。

### 華錫鈞上將

官校第 26 期
1962.03.17 首次任務，共執行 10 次任務

「一般人大概不會常想到『死亡』，但飛行員這個職業一直都有這種念頭，所以對事情也有不同看法。我是覺得——不後悔，沒有什麼需要後悔的。」

### 葉常棣少校

官校第 34 期
1963.08.30 首次任務，共執行 3 次任務

「能夠掛戴上夢寐以求的空軍飛鷹胸章，是我童年就開始的願望，如今終於成真。」

### 李南屏烈士 追晉上校

官校第 31 期
1963.08.24 首次任務，共執行 7 次任務

1964.07.07 執行大陸偵察任務，於福建龍溪上空遭解放軍飛彈擊落殉職。

### 梁德培烈士 追晉少校

官校第 37 期

1964.03.23 在本島航路照相訓練過程中，因飛機超速失控而墜落巴士海峽，一週後由漁民撈獲遺體。

### 王錫爵中校

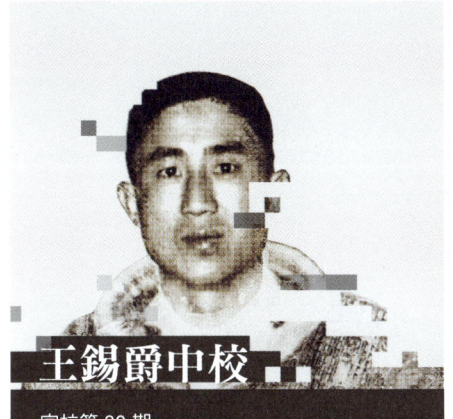

官校第 30 期
1964.07.07 首次任務，共執行 10 次任務

少數飛滿 10 次退役的隊員。

### 張立義少校

官校第 30 期
1964.10.31 首次任務，共執行 5 次任務

「我 13 歲離家，來不及跟媽媽說再見。40 歲以俘虜的身分跟媽媽重逢，為她送終。」

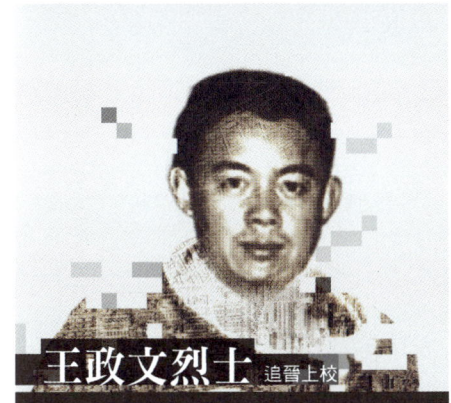

### 王政文烈士 追晉上校

官校第 33 期
1964.12.09 首次任務，共執行 6 次任務

1965.10.22 在訓練中墜入宜蘭外海，調查小組判斷失事原因是自動駕駛接收到異常輸入訊號導致飛機失控。

### 吳載熙烈士 追晉少校

官校第 39 期
1965.02.24 首次任務，共執行 6 次任務

1966.02.17 駕駛 372 號 U-2 進行訓練任務時，因尾管溫度指示錶顯示超溫而關閉發動機，迫降水湳機場失敗而撞上民宅殉職。

TOWARD THE UNKNOWN 097

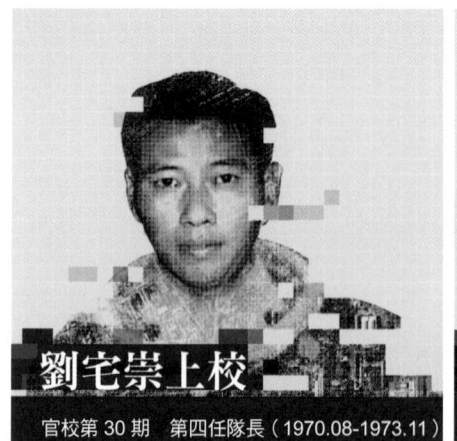

## 劉宅崇上校

官校第 30 期　第四任隊長（1970.08-1973.11）
1965.07.31 首次任務，共執行 10 次任務

少數飛滿 10 次退役的隊員。

## 余清長烈士 追晉中校

官校第 34 期
1965.07.20 首次任務，共執行 6 次任務

1966.06.21 余清長駕駛 384 號機進行飛行訓練時，因發動機葉片損壞，造成動力消失，失事墜毀在沖繩附近。

## 莊人亮少校

官校第 39 期
1965.07.21 首次任務，共執行 9 次任務，其中 1 次離岸偵照

「我很想找人談談壯闊的喜馬拉雅山或神祕的黃河源頭，甚或幾小時前那不尋常的任務……，但什麼也不能做。」

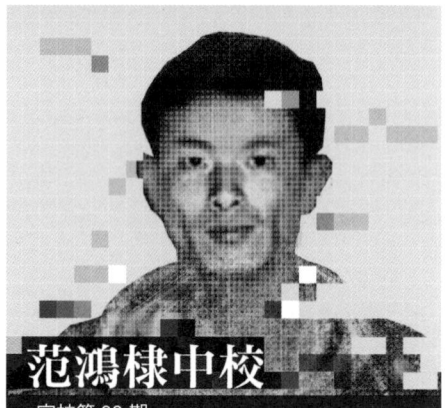

## 范鴻棣中校

官校第 38 期
1967.03.28 首次任務，共執行 11 次任務，其中 5 次離岸偵照

「我從不爭什麼，因為無求，也就不會失去什麼。」

## 張燮烈士 追晉上校

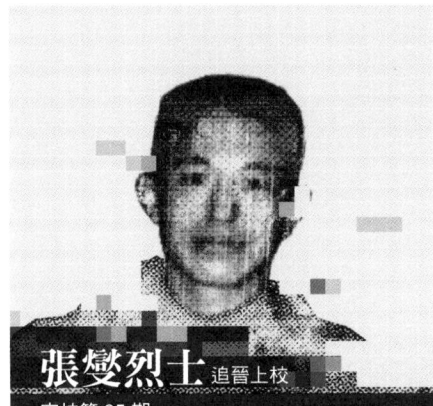

官校第 35 期
1967.05.16 首次任務，共執行 8 次任務，
其中離岸偵照 6 次

1969.01.05 駕駛 385 號 U-2 執行編
號 C019C 偵照任務時，在東海地區
墜海，跳傘後失蹤，人機均未尋獲。

## 鄒燕錦少校

官校第 37 期
1967.08.10 首次任務，共執行 2 次任務，
其中離岸偵照 1 次

1967.08 起服役，
偵照任務出勤 1 次。

## 黃榮北烈士 追晉中校

官校第 39 期
1967.09.08 首次任務，共執行 1 次

1967.09.08 於嘉興西南方附近被飛
彈擊落，為中國大陸境內偵照任務
最後一名遭擊落的飛行員。之後的
偵照任務皆改為沿海傾斜照相。

## 沈宗李上校

官校第 36 期
1969.05.28 首次任務，共執行 8 次離岸偵照

「飛到海峽中線時，臺灣跟大陸很
靠近，好像雙手張開就可以觸摸到
兩邊的土地。」

## 王濤上校

官校第 33 期　第五任隊長（1973.11-1974.11）
1969.04.08 首次任務，共執行 19 次離岸偵照

「當我閃避飛彈的同時，機上照相機持續地拍照，把這些攻擊飛彈都照進來了。」

## 李伯偉中將

官校第 41 期
1968.12.19 首次任務，共執行 7 次離岸偵照

退役後升任國防部情報署次長，曾任華視總經理。

## 黃七賢烈士 追晉上校

官校第 26 期
1968.10.20 首次任務，共執行 6 次離岸偵照

1970.11.24 於桃園基地進行返航降落訓練時殉職。飛機著陸時受側風影響而偏右，他試圖重飛，機頭忽然巨幅上仰。右側吹來一陣強風，飛機頓時往左翻滾墜地引起大火。

## 錢柱中校

官校第 42 期
1971.05.26 首次任務，共執行 23 次離岸偵照

「對國家的貢獻我覺得是滿榮耀的。出任務、深入大陸都不會害怕，回航進入臺灣海峽的安全地帶後，才突然感到害怕。」

黑貓中隊
35th Squadron "Black Cat"

ACE FOREVER

## 魏誠中校

官校第 43 期
1973.01.31 首次任務,共執行 9 次離岸偵照

「跟飛戰鬥機不同的是,偵察機是獨自作戰。……一趟任務動輒 8、9 個小時,……自己坐在狹小又安靜的駕駛艙內沒人可以說話,那種感覺真的是很奇怪!」

## 邱松州中校

官校第 39 期
1972.04.19 首次任務,共執行 19 次離岸偵照

「記得執行第 10 次任務時遭遇 2 枚防空飛彈攻擊,指揮中心瘋狂呼叫,當下忙著閃躲也不敢分心回答。……落地後他們說要為我慶生,蛋糕上插著兩個飛彈蠟燭,代表著重生我。」

## 易志強中校

官校第 40 期
1974.02.12 首次任務,共執行 2 次離岸偵照

「第一次看到 U-2R 型時,心裡想:哇!從來沒有見過這麼大的飛機。」

## 蔡盛雄上校

官校第 46 期
1974.04.11 首次任務,共執行 1 次任務

「我的大哥也是空軍,他在 1963 年 2 月 12 日演習殉職。我被選中黑貓中隊都不敢跟任何人講,結果眷村的太太們跑去跟我媽講……。」

## 黑貓出任務！坐進戰機之前的準備

黑貓中隊大部分的任務是在凌晨出發，接近目的地時正好中午，地面沒有陰影，才能拍到清晰的照片。

### 出發之前一定要吃好吃飽

任務前一天，黑貓飛行員就會住在部隊宿舍。凌晨起床後，不管餓不餓，都要到餐廳吃牛排大餐（在臺灣則因地制宜，也有供應牛肉麵）。這一餐飛行員必須攝取高熱量、高蛋白質的食物，才能維持足夠體力，又不致於過度刺激腸胃蠕動。

此外，還要避免吃到豆類食物，以免體內產生氣體──如果到高空中氣體膨脹起來，很容易導致肚子疼痛不適。出任務的隊員用餐時，航空醫官也會在旁邊跟他吃相同的食物，如果事後有感覺到不舒服，醫官可以即時研究對策。

Preparing Maps For Photo Rooms.

## 完成著裝,接著一個半小時吸氧去氮

吃完早餐、聽完「任務提示」簡報後,飛行員就要在個裝士的協助下,穿上壓力衣和皮靴。到起飛之前,飛行員得留在裝備室呼吸純氧至少一個半小時,排除體內的微量氮氣。這段期間飛行員必須耐心躺著,吸氧的同時,通常會順便研究任務的航行圖,思索在空中可能面臨的景況。

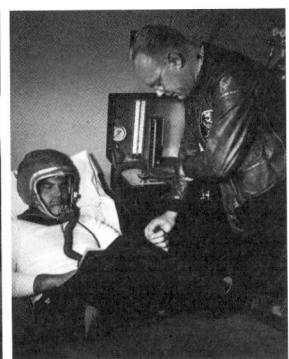

左│黑貓中隊前期的 MA-2 頭盔、MC-3A 壓力服。左起楊世駒、王太佑、華錫鈞。
右│飛行員在裝備室呼吸純氧與體檢。

## 「Radio Silence」──進入敵區保持緘默

黑貓中隊飛行員出任務時,除了生理上的不舒服之外,還要觀察敵情、注意解放軍飛彈襲擊、留心 U-2 機件等狀況。為了使敵方無法捉摸,約每 10 分鐘就要改變一次航向,無論遇到任何麻煩,都不能用無線電連絡指揮中心,只能倚靠自己的知識和經驗去解決。

By God's grace I could make the forced landing safely and the aircraft could be kept serving this country until displaced here.

H. Mike Hua

因為上帝的恩寵，我才能安全迫降這架飛機，讓它繼續為國（美國）服役，直到現在陳展在此。

華錫鈞

飛行員每一次任務，一定要相信自己會完成任務平安返航，但不是每一個飛行員都能信守「我一定會回來」的承諾。當他們在年邁回憶往事，都會說自己只是「運氣好」。故事中，年輕個裝士看到華錫鈞櫃子裡的簡報，對他在 Cortez 小鎮緊急迫降的往事感到十分好奇。當時華錫鈞駕駛的 U-2 編號為 66721，現展示於美國黑鳥公園（Blackbird Airpark）。2016 年，《疾風魅影 - 黑貓中隊》拍攝團隊將華錫鈞親自簽寫的感言照片贈送給黑鳥公園，讓飛行員與飛機繼續相伴。

## 快刀計畫Project Razor——臺灣和美國的祕密合作

當年為什麼會成立「黑貓中隊」呢？冷戰（Cold War, 1947-1989 年）初期，間諜衛星照相技術未臻成熟，一般戰術偵照任務的風險相當高。加上 1949 年以降，蘇聯不僅完成原子彈試爆，更打造出氫彈、長程戰略轟炸機等武器，如果沒有可以制衡蘇聯的軍事科技，一旦他們發動攻擊，世界可能就此毀滅。

在這樣「相互保證毀滅」（Mutual Assured Destruction, 簡稱 M.A.D.）的戰略思維、維持「恐怖平衡」的不安氣氛中，當時的美國總統艾森豪同意了國防部建議，下令研發 70,000 英尺以上（離地 21 公里的平流層區）的高空戰略偵察機。

1958 年 12 月，美國中央情報局和已遷臺的中華民國政府開始一個祕密合作———「快刀計畫」（Project Razor），藉由打造高空戰略偵察來緊盯中國大陸的核武發展。美國提供 U-2 偵察機、技術支援，我國則提供飛行員和後勤基地，並重新啟用「空軍第 35 偵察中隊」番號——也就是有名的「黑貓中隊」。他們駐軍在空軍桃園基地，1961 年 2 月 1 日為掩護稱為「空軍氣象偵察研究組」，直屬空軍總部情報署。

當時由「空軍總部情報署特業組」進行 U-2 飛行員遴選，除了須有 2,000 小時以上的飛行經驗，考慮到執行任務時必須隻身進入敵營、單趟航程都超過 8 小時，沿途還可能遇到飛彈襲擊或天候驟變……，除了必須具備優秀的飛行技術外，還需要極佳的體力與耐力、穩定的個性及自制力。

這批被挑選出來的飛行員多為 30-35 歲的少校或中校，他

們面試合格後，需先至琉球（現日本沖繩縣）接受高空生理測試，通過後再到美國接受心理測驗、測謊實驗、體檢等，來確定飛行員可以承受身心的巨大壓力。

1974年，美國政府單方決定不再延續「快刀計畫」，7月29日美國中情局H特遣隊的美籍飛行員將兩架黑色U-2R偵察機，從空軍桃園基地飛回美國愛德華空軍基地。美國空軍C-130運輸機也開始撤離在臺裝備。10月1日美國中情局G特遣隊、H特遣隊撤離完畢，並歸還空軍桃園基地機棚及廠房等設施。中華民國空軍總司令部於1974年11月1日裁編「空軍氣象偵察研究組」，黑貓中隊的戰略偵察任務正式結束。

1962-1974年共13年的戰略偵察任務期間，黑貓中隊28位飛行員共執行220次高空戰略偵察任務，其中10位殉職、2位被俘，只有16位功成身退。

在訓練、偵察任務期間，共損失16架U-2偵察機，完成偵察中華人民共和國第1次和第2次核試爆，並偵照青海、新疆、華北、西北、東北、東南各省及中越邊界的重要軍事設施，涵蓋面積1,000餘萬平方公里，遍及中國大陸三十餘省。此時大陸受限國力並未大規模建設，黑貓中隊所拍攝的城、鎮、山河、土地樣貌等，多仍停留在清末民國時期，這些偵察情報照片隨時間醞釀，保存見證了當時的地理人文，如今已有計畫的底片經數位化，成為歷史版的「Google Map」，在地理資訊科學（GIS）研究中發揮重要作用。

1998年中央研究院與國防部簽訂「飛遠專案」數位典藏合作計畫，推動老舊空照圖資數位化的工程，並建立相關資料庫，

計畫持續至今，已建置全球最大的中國與臺灣地理資訊系統的資料庫。該計畫由中研院地理資訊科學研究專題中心推動，黑貓中隊涉險拍下的 U-2 航照圖，即是其中重要的典藏內容。

航空氣象偵查研究組組長任職佈達暨交接典體

\* 參考資料：
維基百科 / 黑貓中隊中華民國空軍的高空戰略偵察機部隊
空軍司令部官網
國史館
高空勇者-黑貓中隊口述歷史
徐林先生空照圖相關文獻
空軍特種作戰史回顧
2024 Taiwan Air Blog
MA-2頭盔　https://www.flightgear.ch/usaf-ma-2
MC-3A 壓力服　https://www.flightgear.ch/usaf-high-altitude-1957
壓力服　https://flighttestmuseum.org/pressure-suits/#20
美國軍用航空　飛行頭盔　USAF　高海拔　https://www.salimbeti.com/aviation/helmets10.htm
洛克希德馬丁資料照片

# 「快刀計畫」——國史館檔案選錄

（極機密）

一月七日下午三時，克萊因先生轉達甘迺迪總統同意我使用 U-2 偵照大陸之決定，並作以下之聲明：

一、對中國大陸高空偵照以祕密方式進行，對外不發表消息。
二、如果在高空偵照時發生了事故，認為有對外發表聲明的必要時，則其內容必須得中美雙方之同意。
三、目前中華民國政府與中共仍在進行戰爭之中，故中華民國政府有權對中國大陸作高空之偵照，美方對在大陸高空偵照時所發生的事故，不負任何責任，此一責任由中方負之。

以上三點於當日下午四時半請示我　總統後同意照辦，雙方即同意根據協議開始使用 U-2 機對中國大陸作高空偵照。

　　一月二十六日上午八時半接見克萊因先生，彼提出請求借用桃園為基地，由美國人駕駛 U-2 飛越北作高空偵察，一月二十九日上午八時半經我　總統批准借用，並於當時將此決定通知克萊因先生。

一月七日下午三時克萊因先生轉達甘迺迪總統同意我使用U2偵照大陸三決定作以下之聲明：

一、對中國大陸高空偵照以秘密方式進行對外不發表消息。

二、如果在高空偵照時發生了事故認為有對外發表聲明的必要時，則其內容必須得中美雙方之同意。

三、目前中華民國政府與中共仍在進行戰爭之中故中華民國政府有權對中國大陸作高空之偵照，美方對在大陸高空偵照時所發生的事故不負任何責任此一責任由中方負之。

以上三點於當日下午四時半請示我總統後同意照辦雙方即同意根據協議開始使用U2機對中國大陸作高空偵照。

一月二十八日上午八時半接見克萊因先生俊提出請求借用桃園為基地由美國人駕駛U2飛越此作高空偵察，一月二十九日上午八時半逕告克萊因先生。

我總統批准借用華於當時將此決定通知克萊因先生。

---

1. Missions of high altitude air-photographing and reconnaissance over the mainland will be carried out in a clandestine way and they will NOT be disclosed to the public.

2. If it is deemed necessary to publish the above-mentioned missions as a result of any incident which may happen during the course of their execution, agreement should be made by the two sides in advance on the contents of the story to be published.

3. As the Government of the Republic of China is now in the state of war with the Chinese Communist, it has a right to conduct air-photographing and reconnaissance activities over the mainland. The Chinese side will be responsible for any consequence caused by these activities, and the American side shall NOT be held responsible for it.

甘迺迪總統同意執行快刀計畫公文

## 極機密！華錫鈞的 GRC-125 任務

當年，華錫鈞駕駛 U-2 C378 號機至中國東北、華北地區，執行 GRC-125 偵照任務時，曾遇到飛機充電機故障的緊急狀態。在飛機失去電力的狀態下，不僅自動駕駛功能、全部儀表均失效，座艙無法加溫為飛行員保持溫暖，也會加速飛行油量的消耗。此時需要仰賴飛行員平素的訓練和及時的應變，才有機會化險為夷。

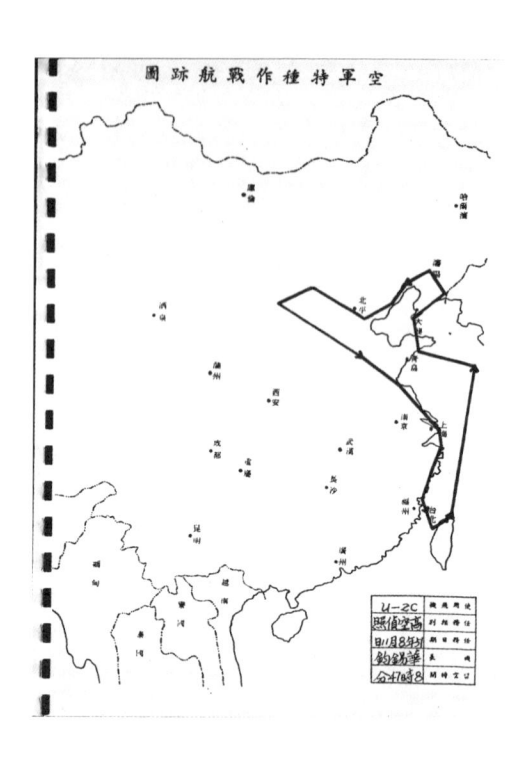

### 任務編號 GRC-125

飛 行 員：華錫鈞
影像目標：北京城
目標坐標：39° 55'N 116° 23'E
任務時間：1962 年 8 月 11 日

目標位置：北京市
飛行時程：8 小時 47 分鐘
航　　程：31,279 浬

TOWARD
THE UNKNOWN

# DT——「經國號戰機機載軟體開發驗測模擬器」的故事

文／呆中興 Gao Chung hsing

1961 年，美國開始阿波羅登月計畫，僅 9 年即成功完成了人類往返月球的旅程。其中，載人的「指揮服務艙」以及登月小艇的「地面實體模擬器」，是保障人員安全的關鍵角色，並在阿波羅 13 號任務意外事故發生時，成功的模擬驗證了營救解決方案，將 3 名太空人安全帶回地球。從此，在實際操作環境中深具不確定危險因子的載人系統（如飛機，潛艦，太空船等）開發過程，必定會先建構地面模擬測試設備，以確保各分系統在上機安裝試航前都能通過嚴格的模擬動態測試，以將未知的系統湧現性風險降至最低，並讓試航人員掌握各種可能的失效狀況與處理程序以增強其信心。而在全系統開發完成、送交客戶服役後，這些模擬設備仍然必須維持運作，以成為後續軟硬體構型改善措施的驗證工具。

我國航空工業發展中心（AIDC）在經國號戰機計畫開展之前，並不具備設計製造飛行模擬器的能力，更沒有將全機設計的外型結果及其他分系統經驗證之數學模式在地面整合成為即時飛行動態模擬環境之基礎知識。直至全案與美商 General Dynamics 公司簽訂顧問協造合約後，才陸續由美方指導建構各項分系統之獨立實驗室（如結構、環試、引擎、液壓等），其中與載機軟體相關的實驗室，如航電硬品測試平臺（AHB）及

飛控軟硬體開發工具（DFLCC DT）實驗室，則以最高規格的安全管控手法限制我方人員使用的範圍，並不得接觸所有與測試模擬環境相關的軟硬體，並在中美兩地各建置一套相同的設備，凡是與飛控及航電軟體有關的原始碼編譯及執行碼上載至硬品的工作，均由美方人員在美方執行。

民國 80 年（1991 年）前後在 IDF 計畫全面啟動首航及試飛驗證期間，在臺中清泉崗陽明營區，有一幢半邊沒有門窗的三層紅色大樓，門口戒備森嚴並由中美雙方共同派駐憲警站崗。其三樓就是置放 DT 的空間，內部 24 小時錄影監視，並另設置兩道門禁，所有進出的電腦硬碟機由美方駐廠技術人員攜行，不得分離。在這近 10 年的經國號戰機飛控系統開發過程中，除了飛控，航電及渦扇引擎的詳細設計資料與相關軟體無法接觸外，其他分系統的資料大概都有辦法獲得。美方為什麼對此與軟體相關的設備特別慎重並保護如此周延呢？因為它們都是全案開發工作的核心工具，沒有這三類軟體開發驗證的能力，我國就無法再自力研發新的戰機。而且美國在規劃雙方合作案時，特別將航電系統與飛控系統實驗室分開設計，隔離置放亦是深謀遠慮的做法，如此一來我國更無法執行這兩項系統的整合測試及開發工作。

當年在如此艱困的管制環境下，我方的工程師想方設法要突破美方設置的重重障礙，筆者與當時飛控組 7 位工作同仁以 3 年的時間將 DT 的軟體從無到有自力開發成功，並將空電系統硬體迴路模擬環境整合至 DT 系統中，而當時的石小組長更成功的自力設計開發出即時偵錯系統（Real Time Debugger）硬體

電路及監控軟體,終能由我方完整的建構出此一核心技術的開發測試設備。

可惜的是此一珍貴的裝備在民國 85 年後(1996 年)隨著漢翔公司脫離中科院後,我國並沒有持續下一代戰機的開發計畫,僅以 IDF 性能提升案讓這兩項關鍵設備得以勉力維持,多年來重要人力陸續流失,設備老舊。30 年後雖然政府重啟勇鷹高教機的研製計畫,讓飛控及航電實驗室重新回到了開發新系統的工作線上,但是教練機的飛行性能與航電裝備與新一代的戰機相比,還是降規落後的技術水準,隨著勇鷹機將很快交機完畢,這些培養不易的人員與技術又將面臨流逝的風險,這也將是我國國防研究實力的一大損失。

近年來航太業陸續爆發了軟硬體整合驗證上的重大缺失,如美國 F-35 計畫嚴重的軟體時程落後,及波音 737-MAX 的飛控軟硬體設計瑕疵造成連摔兩次的慘案,都造成了重大經濟損失及商譽的跌落谷底。這也同樣反應了在任何關鍵技術領域不持續投資培養人才與設備,無論技術曾經多麼領先,退步原來是如此迅速就會發生的。高可靠度嵌入式軟體開發技術也是工業技術的皇冠,其背後涵蓋的科技範圍之廣常常超越一般民眾的想像,也是技術先進國家的主要獲利來源,與保護智財的主要對象,我們曾有最好的機會更上一層樓開發相關技術,設計製造相關的開發測試模擬系統,可惜沒有高層認識這些技術的重要性,白白浪費了這些難得的機運,希望以此文再次提醒國防政策制定者「軟體才是系統的靈魂」,誰忽略它,誰就受制於人。

\* 杲中興 Gao Chung hsing
中正理工學院航空工程系（民國 69 年班）
中正理工學院航空研究所（民國 73 年班）
美國加州大學 Davis 分校機械航空博士（民國 80 年班）

**經歷**
民國 69-71 年：空軍一聯隊及八聯隊飛修官
民國 73-76 年：中山科學研究院電子所尋標器組助理研究員
民國 80-84 年：中山科學研究院航研所飛控組 IDF 數位飛控系統發展
　　　　　　　工具模擬器性能提升專案經理
民國 84-86 年：中山科學研究院航研所模擬組 IDF 中隊級飛行訓練器
　　　　　　　專案經理
民國 86-88 年：中山科學研究院航空研究所模擬組副組長
民國 89-94 年：中山科學研究院航空研究所模擬組組長
民國 94-95 年：中山科學研究院航空研究所副所長兼鯤鵬引擎計畫主持人
民國 95-96 年：中山科學研究院航空研究所所長
民國 97-103 年：中山科學研究院飛彈火箭研究所空軍少將所長
民國 103-106 年：國家中山科學研究院空軍少將副院長
民國 106-109 年：國家中山科學研究院科聘院長

## AI「阿圖」相助，U-2 不再孤軍奮戰！

克里斯・波克（Chris Pocock）/ 原文

楊佈新 / 改寫

　　2022 年，美國空軍首度在 U-2 偵察機上安裝了 AI 系統，負責執行副駕駛的工作，並以電影《星際大戰》角色「阿圖」（R2）命名。回顧 U-2 的歷史，1955 年冷戰期間，首架 U-2 原型機誕生，美國空軍不願意洩漏這是作為偵察機之用，沒有以「R」（Reconnisance）偵察機的序號來為這架原型機命名，反而選擇了「Utility 2」（多用途二號）。

　　航空史上，U-2 貌不驚人，有如裝了引擎的滑翔機一樣極其脆弱，相較當代功勳彪炳的著名機型——尤其鈦金屬機身的「SR-71 黑鳥」，服役後，U-2 一度淡出最前線，但相對於 SR-71，採用 U-2 執行任務的成本較為低廉，且事故率相對較低。當 SR-71 退役後，美軍原本預備以「RQ-4 全球鷹無人機」替代，U-2 也進入退役倒數，但美軍測試後卻發現，RQ-4 在傳感器性能和整體可靠性方面均不如 U-2，且在實戰中高度不足，容易被敵機處決，因此，當 2022 年 9 月美軍宣布將於 2027 年前退役全部 RQ-4，U-2 這位老將在新世紀仍持續執勤著。

　　如今的 U-2，在性能上也已明顯升級，最新的改型是 U-2S 系列中的 Block 20，這些升級包括：

　　・增設衛星通訊系統：能與太空、70,000 英尺下僚機、陸

地和海上船艦等作戰單位，進行 3D 即時訊息交流。
・數據吊艙：增強情報收集、傳輸能力，提升效率。
・艙壓改進：提高 70,000 英尺高度艙壓的舒適度，讓飛行員在長時間的飛行中，能夠更專注的執行偵照任務。

U-2 之所以繼續服役，是為了彌補無人機和衛星間的空白。2018 年，美國軍方測試 U-2S，透過加裝人工智慧「阿圖」系統，飛行員執行任務猶如有副駕駛相助，不再孤軍奮戰，面臨敵方攔截，「阿圖」也能協助飛行員及時擬定撤離計畫，並完成任務。

對於臺灣來說，雖然期待 U-2 的除役後來臺陳展的心念，尚無法如願，但在航空軍史上，黑貓中隊駕馭 U-2C／U-2R 執行任務的歷史，和飛行員犧牲所成就的戰爭與和平，將永遠被銘記。

U-2 偵察機是航空史上最難飛的飛機之一，其特殊設計和高飛行高度使飛行員面臨極大的挑戰。下圖為 U-2 於美國空軍內華達州 51 區基地的格魯姆湖跑道（Groom Lake）練習起降。

# 華錫鈞與中華民國的航空發展歷程

| | |
|---|---|
| 1925 年 | 12 月 6 日，華錫鈞生於江蘇省無錫市。 |
| 1937 年 | 華錫鈞考上第一屆空軍幼校，與郄耀華、王太祐成為同窗。 |
| 1946 年 | 9 月，空軍總司令部於南京成立「空軍航空工業局」。 |
| 1950 年 | 6 月韓戰爆發，影響中美關係、兩岸局勢。 |
| 1953 年 | 聯合國介入調停，南北韓簽屬停戰協定，韓戰落幕。 |
| 1954 年 | 7 月，空軍總司令部精簡「空軍航空工業局」編制，改名為「空軍技術局」。 |
| 1958 年 | 12 月，美國中央情報局和已遷臺的中華民國政府取得共識，合作高空戰略偵察緊盯中國大陸核武發展，合作代號「快刀計畫」（Project Razor）。 |
| 1959 年 | 華錫鈞於美國進行夜航訓練，飛機於高空熄火迫降在洛磯山。 |
| 1959 年 | 王英欽駕駛美製 RB-570 偵察機，在北京上空執行偵照任務時被擊落。 |
| 1961 年 | 中華民國空軍編組成立「第 35 偵察中隊」，執行對中國戰略情報蒐集的「快刀計畫」（Project Razor），別稱「黑貓中隊」。 |
| 1961 年 | 華錫鈞駕駛 U-2 執行任務，在北京上空遇電力系統故障，歷經驚險的兩小時，最終順利飛回臺灣。 |
| 1961 年 | 3 月，郄耀華殉職，為第一位殉職的黑貓隊員。 |
| 1964 年 | 華錫鈞至美國普渡大學留學。 |
| 1965 年 | 6 月，華錫鈞取得航空工程碩士學位。 |
| 1968 年 | 華錫鈞取得美國民航私人飛行員的執照，特地租了小飛機帶周毓和飛行。同年取得航空工程博士學位。 |
| 1969 年 | 1 月 20 日，華錫鈞攜周毓和回到臺灣。 |
| 1969 年 | 3 月，空軍總司令部將「空軍技術局」改制為「航空工業發展中心」，下設「航空研究院」與製造飛機的「介壽一廠」。由華錫鈞出任航空研究院設計室主任。 |
| 1969 年 | 3 月 20 日，空軍總司令賴明湯派華錫鈞帶領學員至美國，參加洛克希德公司的飛機設計實習。 |
| 1971 年 | 8 月，中正理工學院航空工程系第一屆的學生畢業，25 位畢業軍官奉命派赴航空研究院，適時為「中興號」（T-CH-1）帶來助力。 |
| 1971 年 | 介壽一廠成立「中興號試造組」。 |

| | |
|---|---|
| 1972 年 | 華錫鈞奉命接任航空研究院副院長，督導範圍擴大至中興號的結構試驗研究室與試飛室。 |
| 1973 年 | 9 月 29 日，中興號舉行出廠典禮。 |
| 1978 年 | 12 月 16 日，美國宣布與中華民國斷交。 |
| 1979 年 | 1 月 1 日，美國與中華人民共和國建交。 |
| 1979 年 | 華錫鈞完成 XAT-3 高級教練機細部設計工作。 |
| 1981 年 | 航空工業發展中心（航發中心）展開高性能攔截機研發工作，機型代號「FX」。 |
| 1982 年 | 航空工業發展中心開始 F-CK-1 戰機的發展專案。 |
| 1983 年 | 1 月，原隸屬於空軍總司令部的航空工業發展中心，奉令改隸國防部中山科學研究院。 |
| 1984 年 | 1 月，首架生產型 AT-3 高級教練機出廠，後續生產 60 架。 |
| 1988 年 | 12 月 10 日，IDF 戰機舉行出廠典禮。 |
| 1989 年 | F-CK-1 A1／10001 原型機完成試飛，試飛員為吳康明上校。 |
| 1991 年 | 7 月 12 日，伍克振駕駛 A2 機試飛失事。 |
| 1993 年 | 11 月，航發中心解決 IDF 戰機因蜂鳴而產生顫震的狀況。 |
| 1995 年 | 8 月 14 日空軍節，IDF 以絕佳的線傳飛控（Fly-By-Wire）操控性，向世人宣告，我國首架自製的高性能空優戰機登場。第二支 F-CK-1A／B 中隊（28 中隊）於清泉崗基地成軍。提升全機妥善率後，以每月 2 至 3 架速度交機。空軍給予極大飛行量測試。 |
| 1996 年 | 3 月，中國人民解放軍試射 M 族飛彈；這時 F-CK-1A／B 已擔負起臺灣海峽第一線空防任務。 |
| 2017 年 | 1 月 24 日，華錫鈞逝世於臺中，享壽 91 歲。 |
| 2023 年 | 12 月 18 日，國防部長邱國正表示：「我們絕對不會停止研發，不會再重蹈當年因採購 F16 而停止研發 IDF 之覆徹」。 |
| 2024 年 | 8 月 5 日，華錫鈞夫人周毓和女士逝世，享壽 103 歲。 |
| 2024 年 | 10 月 5 日，國防部長顧立雄同意會議決議，下一代先進戰機將不採自研案，改為向美國爭取外購先進戰機。 |

## 後記　系統工程打造的理想世界

　　《疾風魅影-黑貓中隊》製作期間，我有幸與華錫鈞將軍相逢，總不免談到 IDF 經國號的歷史，92 歲高齡的他談到造飛機的過去與未來仍精神奕奕有所期盼，而我對「臺灣風起」造飛機的歷史更有所體會與引領。

　　王助、華錫鈞來自近代航空史的不同時期，卻承先啟後的扛起飛機國造的任務，他們的人生，就是歷史沉澱結晶、分為上下兩冊的寶貴文獻。

　　試著用紙本記錄內心的感動、用圖書記下百年國家航空史的種種，本以為製作書籍比影片容易，卻也是一下 5 年過去。過程中、我跟隨著他們造飛機的歷史足跡，內心充滿收穫、祈願我們有更大的能量，訴說這段時代創造的「臺灣風起」故事、將這些造飛機的人故事能傳遞更遠。

　　AI 浪潮席捲，網路資訊爆炸。在虛擬空間的空戰之中，我們選擇用紙本書籍，做為祈願的紙飛機，送出王助他們的故事，送出希望能被珍惜的信念，期望每個人能收到這份祝福、引領臺灣風起飛揚之時。

　　2013 年至 2018 因《疾風魅影-黑貓中隊》製作期間，有緣結識一群飛行行技術超凡的飛行員。2018 年 10 月至 2019 年《疾風魅影-黑貓中隊》巡演旅程展開，去到一些不同領域處，也因觀影交流而結識許多有情有義的天使朋友支持。要特別感謝須文蔚教授於東華大學華文文學系主任期間，聽我說想做《造飛機的人》王助、華錫鈞兩冊圖文小說書籍，得到他大力地支持與相助，並不拘於形式地擔任創作文稿指導總舵，並包容我們對書籍出版毫無經驗與外行，仍能引領主創團隊向前。

特此感謝

| | | |
|---|---|---|
| 須文蔚教授 | 林幸兒 | 謝雪如女士 |
| 華周毓和女士 | 張怡德先生 | 謝雲妃女士 |
| 鄭傑滎先生 | 林亦宏先生 | 華錫鈞航空工業發展基金會 |
| 褚晴輝教授 | 郭清癸先生 | 成大航太系 / 博物館 |
| 彭元熙教授 | 李厚穎先生 | 國史館 |
| 杲中興教授 | 莊秀美女士 | 中山科學院台中航空所 |
| 李適章老師 | 何又新女士 | 漢翔航空工業 |
| 邱祖湘老師 | 朱力揚先生 | 國防部政戰局 |
| 吳康明老師 | 林宏修先生 | 福州船政局博物館 |
| 賴維祥教授 | 楊賢怡先生 | 台北明明短期補習班 |
| 王惠民教授 | 王愛華先生 | 波音飛行博物館 |
| 唐克先生 | 倪美芳女士 | （The Museum of Flight） |
| 李文正先生 | 李俊賢先生 | 空軍子弟學校校友會 |
| 黃司晶女士 | 漫安琦校長 | 江彥良 |
| 徐林先生 | 唐尚智校長 | 黃良誠先生 |
| 陳星宏先生 | 靜心校友會 | 王純良先生 |
| 陳彥初先生 | 李美慧老師 | 林玉萍老師 |
| 陳靖先生 | 應詠婕女士 | 華開奇先生 |
| 王品心女士 | 林淳先生 | 趙欣然老師 |

寬和影像

2024 年 10 月 2 日

國家圖書館出版品預行編目

疾風魅影：造飛機的人：華錫鈞：以鐵翼扛起臺灣/寬和影像, 黃筱嵐. -- 一版. -- 臺北市：秀威少年, 2025.03
　　面；　公分. -- (少年文學；70)
BOD版
ISBN 978-626-99019-4-4(平裝)

1.CST: 華錫鈞　2.CST: 航空工程　3.CST: 傳記

783.3886　　　　　　　　　　　　113019185

少年文學70　PG3028
疾風魅影－造飛機的人

# 華錫鈞──以鐵翼扛起臺灣

文／寬和影像、黃筱嵐
圖／傅楓宸
責任編輯／孟人玉、吳齊恆
圖文排版／陳彥妏
封面插畫、字型／吳紹恩
封面完稿／李孟瑾
出版策劃／秀威少年
製作發行／秀威資訊科技股份有限公司
114 台北市內湖區瑞光路76巷65號1樓
電話：+886-2-2796-3638
傳真：+886-2-2796-1377
服務信箱：service@showwe.com.tw
http://www.showwe.com.tw

郵政劃撥／19563868
戶名：秀威資訊科技股份有限公司
展售門市／國家書店【松江門市】
104 台北市中山區松江路209號1樓
電話：+886-2-2518-0207
傳真：+886-2-2518-0778

網路訂購／秀威網路書店：https://store.showwe.tw
　　　　　國家網路書店：https://www.govbooks.com.tw
法律顧問／毛國樑　律師

總經銷／聯合發行股份有限公司
231新北市新店區寶橋路235巷6弄6號4F
電話：+886-2-2917-8022
傳真：+886-2-2915-6275

出版日期／2025年3月　BOD一版　定價／390元
ISBN／978-626-99019-4-4

秀威少年
SHOWWE YOUNG

版權所有・翻印必究　Printed in Taiwan　本書如有缺頁、破損或裝訂錯誤，請寄回更換
Copyright © 2025 by Showwe Information Co., Ltd.All Rights Reserved

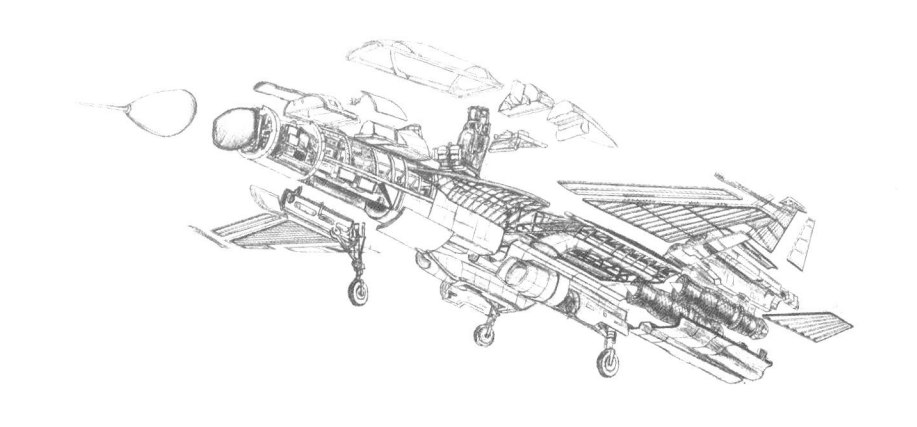